Nakatani Yoshifumi

中谷昌文

ビル・ゲイツの幸せになる質問

もしも１日200円しか
使えなかったら？

日本実業出版社

プロローグ

ビル・ゲイツの幸せになる質問

もしも1日200円しか使えなかったら？

これは世界一のお金持ち、ビル・ゲイツからの質問です。

「もし、あなたが発展途上国に住んでいて、1日に200円しかお金を稼げなかったら、どうしますか？」

1日200円では、ごはんも食べられません。

日本では、カップラーメンを一つ食べて終わりでしょう。

さて、ここで、ちょっと考えてみてください。

あなたなら、その200円をどう使いますか？

ビル・ゲイツ自身の答えは、「200円を貯めて、オスとメスのニワトリを買う」

です。ニワトリを買ってきて育てれば、やがてタマゴを産んでくれます。

そして、タマゴからはまたニワトリが生まれます。

そんなふうにニワトリがどんどん増え続けていったら、どうなるでしょうか？

貧しい家にお金が入ってくるようになります。

増えたニワトリを、また別の貧しい人にあげることもできるでしょう。


「ビル・ゲイツの質問」は、あなたが1日200円の収入であっても、どんな境遇に置かれていても、たとえ一文無しであっても、「富を生み続けて、人に分け与える方法はある」ということを教えてくれます。

また、「どんなに貧しい生活をしていても、未来に望みはある」という答えにたどりつくこともできます。

つまり、知恵と努力によって、資産も幸せも限りなく増やしていけるのです。

13歳で亡くなったヨシヒロくん

みなさん、こんにちは。中谷昌文《なかたによしふみ》と申します。

私は「人」「社会」「地域」のお役に立つ社会貢献家として、さまざまな社会貢献活動を行ってきました。たとえば、児童養護施設で暮らす子どもたちや震災で家を失った子どもたちにランドセルを送る『タイガーマスク運動』は、20年以上前から続けています。また、ディズニーランドに難病の子どもたちをお連れする活動も、始めてから25年以上になります。

私は、もともと広島県の荒れた学校に勤務する保健体育教師でした。あるとき、障害児学級の担任になったのですが、そこで出会ったのが、ヨシヒロくんという中学2

年生の生徒です。彼は「筋ジストロフィー」という難病でした。全身の筋力が次第に低下し、呼吸・飲み込み・血液循環に障害が出てしまう、とても苦しい病気です。

ヨシヒロくんは、おとなしくて口数の少ない子どもでしたが、正義感が強く、「将来は国際弁護士になって、困っている人たちを助けたい」と、将来の夢を語ってくれました。実際、勉強の成績は全国でもトップクラスだったのです。

その一方で、「先生、僕、一度でいいからディズニーランドに行ってみたい……」と笑顔で話す、子どもらしいところもありました。

しかし、ヨシヒロくんは中学2年生の冬、病気のために帰らぬ人となりました。わずか13歳の少年の死に、当時の私は強い衝撃を受けました。

そして、一度しかない人生を全力で生きる覚悟を決め、教師を辞めて、昔からの夢だった渡米を決意したのです。

マイケル・ジョーダンに入門を18回断られる

その後、渡米先で見たマイケル・ジョーダンの超人的なジャンプ力に感激し、彼が指導に来るバスケットボール教室に入門したいと思いました。

もともと、私は中京大学体育学部の出身で、バスケットボール部副主将を務め、全日本学生選抜選手に選ばれるなどバスケが大好きだったのです。

日本人だという理由で18回断られましたが、19回目の粘りで、ついにマイケル・ジョーダンから直接の指導を受けることができました。

そのときにジョーダンが履いていたのが、カラフルでスタイリッシュな「ナイキ」のシューズです。当時のアメリカでは、カラフルなシューズを選手が試合で履くことは禁止されていました。だからジョーダンは毎試合、罰金を払ってナイキを履いていたそうです。また、当時のナイキには十分なお金がなく、商品を大量に作れませんでした。そこで考えたのが、靴を「限定販売」にして売り出すことです。

その様子を間近で見ていた私は、「これは売れるぞ！」と、ナイキのシューズの可能性を感じ取り、すぐに「日本での販売権」を獲得しました。そして、迎えた1995年、ナイキのシューズ「エア・マックス」は社会現象を巻き起こしました。仕入れ値5000円のシューズが5万円、10万円という高値で爆発的に売れ、私の個人事務所の売り上げは44億円を記録したのです。これが、私のビジネスのスタートでした。

その後も、「音楽・俳優・モデル学校の運営」「児童養護施設の運営」「イベント企画制作会社」「映画制作」「児童クラブ」「学童保育・塾」「日本語学校」「人材派遣会社」「飲食事業」「美容事業」などを次々と成功させていきました。

人は誰でも「魔法のステッキ」を持っている

私はさまざまなビジネスを立ち上げ、急速に会社を発展させてきたのですが、睡眠時間3時間という生活が長く続き、あるとき、過労で仕事中に倒れてしまったのです。

病室で天井を見上げながら、自分の人生を振り返ったとき、真っ先に思い出したのは障害児学級の担任だったころに出会ったヨシヒロくんでした。

「ビジネスばかりやっている今の自分を見て、彼はどう思うだろうか？」

私は2ヶ月間の長期入院で自分の人生を振り返り、自分にしかできないことをやろうと思いました。そしてそれが「人の役に立つ人になりたい」ということだったのです。

これが、人生2度目の大きな方向転換でした。

この日から私は社会貢献家として生きる決意をし、２００４年には『志魂塾』を立ち上げました。起業家やその候補生に対し、有名な実業家を講師としてお呼びし、学ぶ機会を提供したのです。２０１１年には『国際ビジネス大学校』を創設し、一般の方に実践的なビジネスを学ぶ場を作りました。

私がときに、周囲の方に驚かれるほどアクティブに動けるのは、「ペイ・フォワード」の信念があるからかもしれません。これは、直訳すると「先に払う」という意味です。誰かから受け取った「温かい心」を、また別の人に届け、「信頼」というバトンをつないでいくことです。

このペイ・フォワードの大事なポイントは、受けた恩を直接その人に返すのではなく、第三者に贈ることにあります。私はペイ・フォワードの精神こそが、世界平和への「魔法のステッキ」だと思っています。みんながこの精神を持った世界では、誰かを幸せにすることで、どんどん幸せが増えていくからです。

「日本人で僕の誘いを断ったのは、キミが初めてだ」

東京の目白にある有名ホテル『椿山荘』は、かつてビル・ゲイツが一部を所有していた（株主の一人だった）ことを知っていますか？

これは当ホテルのオーナーである知人から教えてもらったことです。

私が『いのちのランドセル活動』など、いろいろな社会貢献活動をしているという話をしたときに、彼に「じゃあ、5分だけ会わせてあげるよ」と言われ、それがご縁で私はビル・ゲイツにお会いする機会を得ました。

彼は、私の活動にとても興味を示してくれ、あっという間に5分が経過しました。

そこで失礼することになったのですが、なんとビル・ゲイツから「今夜、一緒に食事しませんか？」と、お誘いを受けたのです。

けれども私は先約があったので、丁重にお断りしました。このとき、ホテルのオーナーは絶句しました。しかし、私は自分のポリシーを曲げませんでした。「先約があった場合、後からのオファーは断る」という自分なりのルールがあったからです。

その後、ビル・ゲイツのマネージャーがやって来て、「ビルの誘いを断ったのは、キミが初めてだよ！」と言いました。

ビル・ゲイツも、かなり驚いていたそうです。

「今まで僕が食事に誘ったら、みんなどんな予定があってもやって来たけれども、ナカタニだけが断った」と。

今から思うと、あのとき、なんとか調整すれば良かったのかもしれません。しかし、どんな理由があろうとも先に約束した方に失礼ですし、「約束を守る」のは、幼いころから、「約束は守りなさい。いくら損をするとしても、人との約束は守らなければダメだよ」と、母に言われて育った私には、とても大切なことでした。

私の人生の目的はビル・ゲイツと食事をすることではありません。自分の行っている社会貢献活動が地道に広まればいいだけです。この話をすると、100人中100人に、「おまえ、すごく損したな」と言われますが、それでも後悔はしていません。

私とビル・ゲイツの間には、そんな不思議な「ご縁」があります。また、同じ社会貢献家として、さらに自らのビジネスで得た財産を人々のために惜しげもなく注ぐ姿勢に、深く共感しています。そんな彼が全世界の人々に投げかけた質問「ビル・ゲイツの質問」を手がかりに、この本では「人は、いつでも、誰でも、どこにいても幸せになれる」ということをお伝えしていきたいと思います。

この本が読者の皆さんの支えとなり、幸せを導くヒントとなりますように……。

目次

ビル・ゲイツの幸せになる質問
——もしも1日200円しか使えなかったら？

プロローグ
ビル・ゲイツの幸せになる質問

もしも1日200円しか使えなかったら？……2
13歳で亡くなったヨシヒロくん……4
マイケル・ジョーダンに入門を18回断られる……6
人は誰でも「魔法のステッキ」を持っている……8
「日本人で僕の誘いを断ったのは、キミが初めてだ」……10

第1章

「小さな力」が世界を変える

映画『ペイ・フォワード』は実話になった……24
幸せはポケットの中に入っている……26
黄金の腕を持つ男……28
「岩手のおばあちゃんの知恵」がアフリカを救う……30
沖縄の助け合いのシステム『模合』……32
たった一人でトンネルを掘り続けた禅海和尚……34
「クラウドファンディング」は善意の受け皿……37
日本一になった日本一背の低いバスケチーム……40
『大きなカブ』は最後にネズミの力で抜ける……42
キリストはたった3年で世界を変えた……44
『初代アンパンマン』の悲惨な最期……46

第2章

「見えない世界」を信じる

サンタクロースはいるか、いないか？……50
天国にいる父に届いた手紙……52
なぜ、日本は世界一１００年企業が多いのか？……54
ルール違反のサービス……56
「透明資産」がお客さんを呼び込む……58
流行っている店の共通ルールとは？……60
世界平和と逆行する「アメリカ・ファースト」……62
「ウンコ」は感謝して流す……64
ニンジンは薬にも毒にもなる……66
お金はなくても人を幸せにできる……68

目標は「何時何分何秒」まで書く……70
「一度でも諦めてしまうとそれがクセになる」……72

第3章 「大きな愛」が人を幸せにする

カラオケで優勝すると100万円……76
動く結婚式場があってもいいじゃないか……78
ゴミを成敗する「ゴミ拾い侍」……80
30年間トイレ掃除を続けているビートたけしさん……82
悪口をTシャツにプリントした女子高生……84
ハッタリで未来を変える……86

賢者の贈り物……88
世界で最も文字の少ない反戦絵本……90
すべてを与えたリンゴの木……92
山を動かした男、木を植えた男……94
たった一匹の子犬が世界中の犬の命を救った……96
雌ゴリラのココは「人間は愚か」と語った……98

第4章 子どもは「未来への架け橋」

ホームラン地蔵……102
冬を知らない沖縄の子どもたちに雪を見せる……104

病気の子どもたちを支える『マクドナルド・ハウス』……106
空から降ってきた「ぬいぐるみ」……108
『V・ファーレン長崎』の活躍……110
子どもたちの夢を描く『かながわ夢絵コンテスト』……112
少年ソフトボールチームを優勝に導いた秘策とは？……114
手紙で「お金持ちになる方法」を聞いた少年……116
ドイツでは高校卒業までに経営者の資格を取る……118

第5章 人はどこまで「希望」を持てるのか？

私が「グーフィー」になれなかったワケ……122
「中谷はディズニーのお菓子を転売して儲けている！」……124
ティンカー・ベルの魔法の粉……126
なぜ、ダメ営業マンが全米1位になれたのか？……128
トラックの荷台に「希望」を乗せて……130
暴走族が震災を機にボランティアを始めた……132
子どもたちの歌声『しあわせ運べるように』……134
素敵な「チアガール」があなたを応援します！……136
タイガーマスクと『いのちのランドセル運動』……139
若手起業家には「学びの場」が必要……142
「手品」と「資産運用」を教える学校……144
東京ドーム9個分、日本最大級のペットの保護施設……147
世界共通の「乾杯」のかけ声は？……150

第6章

幸せを呼ぶ「世界の名言」

「目には目を、歯には歯を」……154
「犬にパン、豚に真珠」……156
「学ぶことの少ない人は牛のように老いる」……158
「愚かな人は常に名誉と利益とに苦しむ」……160
「家に帰って家族を大切にしてあげてください」……162
「みんなが日なたに行くべきである」……164
「いちばん大切なことは目には見えないんだよ」……166
「あなたの心が正しいと思うことをしなさい」……168
「万事、見にゃわからん」……170
「クルマ屋の俺が大渋滞を起こしちゃあ申し訳ない」……172

「私の代わりに死んでくれる人はいない」……174
「ペンは世界で最も強力な武器」……176

第7章 あなたの「命」の使い方

世界人口の半数は1日2ドル以下で暮らしている……180
あなたの一食が誰かの一食になる……182
どうして20円も高い水がバカ売れしたのか？……184
ビル・ゲイツの質問の答えは？……186

一流の人から一流の知恵を学ぶ……188
世界一のお金持ちでも世界は救えない……190
あなたはその命を、何のために使いますか？……192
質問の答えは70億通りある……194
おわりに「人は、いつでも、誰でも、どこにいても幸せになれる」

カバーデザイン■萩原睦（志岐デザイン事務所）
本文デザイン・DTP■初見弘一（TFH）
企画・出版プロデュース■吉田浩（株式会社天才工場）
編集協力■上村雅代、関和幸

第1章

「小さな力」が世界を変える

1-1

映画『ペイ・フォワード』は実話になった

オーストラリアに住むタイソン・クラウリーさんが、ガソリンスタンドで車に給油したときのことです。料金を支払うとき、彼はどうしてもクレジットカードの暗証番号を思い出せませんでした。これから仕事に行く途中なのに、財布の中に現金は入れておらず、とても困っていました。

すると、彼の背後にいた男性が、「俺が払うよ」と言ってくれました。タイソンさんは心から感謝し、男性に、「お金を返したいので、名前と連絡先を教えてほしい」と頼みました。すると、彼はレシートに「ジョン」というファーストネームと、「Pass it on（他の誰かにつなげて）」と書き、立ち去ってしまったのです。

後日、タイソンさんは同じことをしました。そしてレシートに、「他の誰かにつなげて。ジョンがしてくれたように」と書き込みました。

このエピソードを聞いて私は、まさに『ペイ・フォワード』という映画が実話になったようだと思いました。

映画では、主人公のトレバー少年が、学校の先生に、「もし自分の手で世界を変えたいと思ったら何をするか？」という課題を出されます。そこで、彼が思いついたのが、「親切にされた人」は「誰か別の3人」に親切にしていくというアイデアでした。

彼はこのアイデアを「ペイ・フォワード」と名づけ、さっそく3人の人物に親切にします。その結果、親切の輪はどんどん世界中に広がっていきます。

この映画は、「優しさをつないでいくことで、多くの人が幸せになる」ことを教えてくれます。そんな世界が実現するのは夢ではありません。

幸せのペイ・フォワード

小さな親切が、いつか世界を変える。

1-2
幸せはポケットの中に入っている

老舗のお寿司屋で、持ち帰り用にお寿司を詰めてくれる「折り箱」があります。この折り箱は今でも、1枚の木の板を折って作られているのですが、そんな折り箱を作り続けて100年になる株式会社折勝商店の4代目社長、石山勝規《かつのり》さんは、タクシーに乗るたびに「何か飲んでください」と言って、100円を手渡すそうです。

受け取ったタクシー運転手は当然機嫌が良くなりますから、次に乗せたお客さんがタクシーを降りるときに、「忘れ物はありませんか?」と声を掛けてくれます。すると乗客も気分が良くなり、タクシーを降りて別の人に会ったときに、少しだけ親切になるかもしれません。

このように、たった１００円からでも幸せの連鎖反応が起きるのです。

私がこの本でお伝えしたいのは、「幸せの連鎖」を起こすことが、みんなが幸せになるための最短ルートだということです。世の中を良くするために、１万円札を使う必要はありません。あなたのポケットの中にある「たった１００円」で幸せの輪は大きく広がっていくのです。これも立派な「ペイ・フォワード」と言えるでしょう。

石山さんを見習って「１００円のペイ・フォワード」を始めるとき、注意してほしいことがあります。それは、あえてお釣りを受け取ってから、改めて１００円を渡すことです。ここで「お釣りはいらないよ」と言うと、上から目線でとても感じが悪くなります。くれぐれもご用心ください。

幸せのペイ・フォワード

たった１００円でも、人を幸せにすることはできる。

1 – 3

黄金の腕を持つ男

今、日本国内では、病気やケガの治療のために、毎日およそ3000人が輸血を受けています。ところが、日本で献血をする人は、毎年、どんどん少なくなっています。厚生労働省の統計によると、1999年には600万人を超えていた献血者数が、2014年には400万人台にまで落ち込んでしまいました。おそらく生まれてから一度も献血をしたことがない人も、多いのではないでしょうか。

一方、海外には途方もない人がいます。オーストラリアのジェームズ・ハリソンさんは、81歳になるまでに1000回以上の献血を行いました。

血液型にはRh(+)とRh(−)の2種類がありますが、妊娠した母親がRh(−)で、そのお腹の中の赤ちゃんがRh(+)の場合、深刻な免疫反応によって、赤ちゃんに貧血や脳障害が生じたり、最悪の場合は流産してしまうことがあります。

この反応を防ぐワクチンは１９６０年代に開発されたのですが、そのワクチンを作るために必要だったのが、特殊な抗体を含むハリソンさんの血液でした。そこで、彼は毎週のように献血を行い、なんと２４０万人もの赤ちゃんの命を救ってきたのです。

やがて、ハリソンさんは「黄金の腕を持つ男」と呼ばれるようになり、１９９９年には、オーストラリア政府から勲章が授与されました。そして、高齢になったハリソンさんの健康状態を考慮し、医療機関は81歳の献血を最後とすることにしました。

最後の献血が行われた日、ハリソンさんのワクチンで救われた赤ちゃんの母親たちが大勢駆けつけたそうです。

幸せのペイ・フォワード

献血で誰かの命が助かる。

1-4

「岩手のおばあちゃんの知恵」がアフリカを救う

アフリカでは、今でも裸足で地面を歩く人が多く、足の傷口から破傷風にかかって亡くなる人が大勢います。１９９１年、日本の国際協力機構（ＪＩＣＡ）からアフリカのケニアに派遣された岸田袈裟《けさ》さんは、自分の出身地である岩手県遠野市のおばあちゃんたちにワラジ作りを習い、それを現地の人たちに教えました。

最初は助産師のために岸田さんが作っていたのですが、ワラジ作りに興味を持った少年が作り方を覚え、それが学校教育にも取り入れられるようになりました。やがて、アフリカ全土に広まり、14歳までの破傷風による死亡率は劇的に低下しました。

日本の「おばあちゃんの知恵」は、さらにアフリカの環境問題にも役立ちました。

当時のケニアの人たちは、料理をするときに地面に石をならべ、その上に鍋を置いて調理していました。この方法は非常に熱効率が悪く、大量の木材がムダになっていました。そのため、現地の貴重な森林が、どんどん失われていたのです。

そこで岸田さんは、昔の「遠野式かまど」をモデルに、『カマド・ジコ（「ジコ」とはスワヒリ語で「かまど」の意味）』を開発し、それを現地の人たちに伝えたのです。カマド・ジコは1つの熱源で3つの鍋を同時に煮炊きでき、燃料の節約につながりました。そして、粘土状の土と水さえあれば手作業で作ることができたため、これもアフリカ中に広まっていったのです。

今の日本では滅びてしまった「おばあちゃんの知恵」が、何千km も離れたアフリカで、多くの人の命を救いました。岸田さんの例は、みんなが知恵を出し合うことで、世の中を幸せにできるということを教えてくれているのではないでしょうか。

幸せのペイ・フォワード

昔の人の知恵に大きな宝が眠っている。

1－5
沖縄の助け合いのシステム『模合《もあい》』

沖縄県には、日本のどこにもない助け合いのシステムが存在しています。それは『模合《もあい》』と呼ばれる互助会です。仲の良いグループが毎月10人から20人ほど集まり、ホテルでランチを食べたり、居酒屋で飲んだりします。会費は毎月1万円くらいで、メンバー一人ひとりに、順番に集まったお金を渡していきます。たとえば、会費が月1万円の模合で10人の仲間がいれば10万円が集まり、仲間の1人にそのお金が手渡されるのです。

中には毎月の会費が10万円、30万円、100万円の模合もあります。100万円の模合で20人のメンバーがいると、いきなり毎月2000万円が集まってしまうのです。新たにビジネスを始めるには十分なお金だと思いませんか？

実は、このような組織は、明治時代まで『講《こう》』という名称で日本中に残っていました。しかし、助け合いの精神が薄れるとともに、本土では姿を消してしまったのです。『模合』や『講』は積立貯金と同じですから、1人でも同じことはできます。しかし、あえて1人ではなく、10人でやることで応援力となり、10倍の効果が出るのです。

幸せのペイ・フォワード

10人が協力すれば、力は100倍になる。

戦国武将の毛利元就《もとなり》は、3人の息子たちに1本の矢を折らせた後、3本束ねた矢を折るように言いました。そして、3本の矢が折れなかったのを見届けた後、「3人で力を合わせれば決して敵に負けることはない」と言い聞かせたのです。

ましてや、10人で力を合わせれば、どんなことも不可能ではないでしょう。

1－6
たった一人でトンネルを掘り続けた禅海和尚《ぜんかいおしょう》

大分県中津市のけわしい山奥に、『青の洞門』という長さ144mのトンネルがあります。このトンネルは、江戸時代に「禅海和尚《ぜんかいおしょう》」という旅のお坊さんが掘ったものだと言われています。

当時、このトンネルができるまで、近隣の村の人々は、いつも岩壁に沿って作られた細い道を通らなければならず、多くの村人が足を滑らせて亡くなっていました。

その話を聞いた禅海和尚は、たった一人でノミとツチを振るい、トンネルを掘り始めたのです。しかし、もともとこのあたりの岩壁は非常に固く、トンネルを掘ることはとうてい不可能だと考えられていました。実際、和尚は雨の日も風の日も休まずにノミとツチを振るいましたが、ほとんど穴は大きくなりませんでした。

ですから、村人たちはどうせムダなことだと、誰も手伝おうとはしなかったのです。

それでも、和尚は念仏を唱えつつ、穴を掘り続けました。

すると、最初はほんの小さなくぼみだったのが、しだいに深く、大きな穴となりました。さらに1年、2年、3年と月日が経ち、村人たちの中にも少しずつ、手伝う人たちが増えていったのです。

それから30年の月日が流れ、ついにトンネルは完成し、誰もが安全な道を通ることができるようになりました。このお話をもとに、明治の文豪である菊池寛は、『恩讐の彼方に』という小説を書き、また和尚の活動は尋常小学校の国語の読本にも使われました。

さて、このエピソードには少し、補足すべきことがあります。

史実によれば、禅海和尚は、何も考えずにひたすら一人でトンネルを掘っていたわけではありません。

近隣諸国を回って寄付を募り、そのお金で作業者を雇って、大勢で仕事を進めていました。さらにトンネル完成後には「人は4文、牛馬は8文（現在の貨幣価値でおよそ80円と160円）の通行料」を徴収して、トンネルのメンテナンスや追加工事の費用に充てるなど、相当なアイデアマンだったのです。

ですから、青の洞門は「日本初の有料道路」とも言われています。

いずれにせよ、禅海和尚が「最初の一歩」を踏み出したことは間違いありません。絶対に無理だと思われていることでも、人々のために勇気を持って取り組み、努力を継続し、大勢の人の協力を受けて実現する姿勢は、現代の私たちも見習いたいものです。

幸せのペイ・フォワード

強い意志は固い岩も貫くことができる。

1-7 「クラウドファンディング」は善意の受け皿

たくさんの人から少額の出資を受け、プロジェクトに必要な資金を集める「クラウドファンディング」は、インターネットの発展とともに生まれました。

同じように多くの人から資金を集めることは昔から行われており、たとえば有名なアメリカの「自由の女神」も一種のクラウドファンディングが利用されています。

女神像はアメリカ合衆国の建国100周年を記念してフランスから贈られたものですが、完成前に建設資金が底をついてしまいました。そこで、「ニューヨーク・ワールド」という新聞の社主だったジョーゼフ・ピューリッツァーが、新聞紙面でニューヨーク市民に台座建設のための寄付を呼び掛けたのです。

その結果、12万人以上の人々が寄付を行い、半年で10万ドル以上が集まって、台座は無事に完成しました。これはインターネットがなかった時代に、新聞がその役割を果たした事例と言えるでしょう。

最近のクラウドファンディングは幅広い分野で活用されています。

有名なクラウドファンディングサイト『CAMPFIRE』では、「道具・装置類の新規開発」「新規ビジネス・サービスの立ち上げ」「飲食店や食品・飲料生産の支援」「映画・アニメ・マンガの応援」「社会貢献活動・町おこし・村おこしの支援」など、さまざまなプロジェクトが立ち上げられています。

私も『タイガーマスク運動・ランドセル基金』の活動で、難病の子どもたちや親のいない子どもたちにランドセルを贈るため、クラウドファンディングを活用しました。

ここで私が感動したのは、多くの方に支援していただきランドセルを購入する資金を集められたこともありますが、それ以上に寄せられた温かいメッセージの数々でした。

私が利用したクラウドファンディングのサイトでは、出資者が短いメッセージを添えることができるようになっていたのですが、そこにたくさんの「子どもたちの成長と幸せを願う心のこもったメッセージ」がならんでいたのです。今回のクラウドファンディングにあたって、ささやかな返礼品も用意したのですが、返礼品の送料も子どもたちのために使ってほしいと、辞退する旨をメッセージで寄せてくださった方もいらっしゃいました。

一人ひとりの力は小さくても、その力を集めることで誰かを助けることができ、目に見えるかたちで温かな想いを伝えることができる……。

クラウドファンディングは、人類を救う偉大な知恵の一つだと思います。

幸せのペイ・フォワード

小さな寄付で大きな夢を買う。

1-8 日本一になった日本一背の低いバスケチーム

私は小学校・中学・高校・大学とバスケットボール部に所属し、部長やキャプテンを務めていました。こんなとき、多くの人は「なるべく強豪校に進学したい」と考えるかもしれませんが、私は違いました。「弱いチームを強くしたい」と思い、あえてバスケの弱い学校を探して進学したのです。

ところで、みなさんは秋田県にある能代工業高校のバスケ部を知っていますか？

今でこそバスケットボールの名門校として全国大会で何十回も優勝していますが、昔は全く無名のチームでした。そんな能代工業高校バスケ部が変わったのは、加藤廣《ひろ》志《し》さんという監督がやって来てからです。加藤監督は身長170cmくらいの選手だけを集めて指導を重ね、１８５㎝以上の選手がゴロゴロいるようなチームを相手に、勝ち続けました。そして同校は、実に史上最多の58回も全国制覇しているのです。
のちに能代工業高校の地元の能代市では『能代カップ』という全国でも有名なバスケットボール大会が開かれるようになりました。また、２００４年に日本人として初めてＮＢＡ（北米プロバスケットボールリーグ）のレギュラーになった田臥《たぶせ》勇太選手は、能代工業高校の出身でした（彼も身長１７３㎝です）。

加藤監督の歩んできた人生は、たった一人でも力を振り絞ることで、大きな価値を作り出せることを教えてくれます。多くの偉人たちは謙遜《けんそん》して、「微力ですが……」と言いますが、人間の力は決して「微力」ではないのです。

幸せのペイ・フォワード

歴史は一人の力から作られる。

1-9

『大きなカブ』は最後にネズミの力で抜ける

『大きなカブ』といえば、広く知られたロシアの民話です。

みなさんも子どものころ、絵本などで読んだことがあるのではないでしょうか。

このお話は畑で育てた大きなカブを、おじいさんが引き抜こうとするところから始まります。しかし、あまりにもカブは大きすぎて、おじいさん一人では抜くことができません。おばあさんや孫娘を呼んで、手伝ってもらっても抜けず、さらに通りがかったネコ、イヌ、ブタ、ニワトリ、キツネ、クマが手伝ってくれ、最後は小さなネズミが力を貸してくれた結果、ようやくカブは抜けるのです。


このお話が教えてくれるのは、「たくさんの人の力を集めることで、大きな目標を達成できる」ということです。また、最後にカブを抜く決め手になったのがネズミの協力（絵本によっては、ネズミはカブを少しかじることで抜けやすくします）だったことから、どんなに小さな力でも物事を変える力になることを教えてくれます。

絵本として出版され、130年間も世界中の人々に愛され、語り継がれている理由は、この『大きなカブ』の教えが世界共通のものだからだと私は思っています。

私は、これまでにいくつものNPO法人、社団法人、一般財団法人を立ち上げてきました。そして、その法人という器にたくさんの人の力を集めてきました。

まさに、『大きなカブ』のお話のように、みんなで力を合わせることができれば、「不可能」も「可能」に変わるからです。

幸せのペイ・フォワード

大きな力は小さな力からできている。

1-10

キリストはたった3年で世界を変えた

「キリスト教」は2000年以上に渡って信仰され、信者の数は20億人以上、キリストの教えをまとめた「聖書」は2500以上の言語に翻訳されている、世界最大の宗教です。

では、イエス・キリストが、布教活動をした期間は何年か知っていますか？

実は、たったの「3年間」です。彼は30歳まで、父ヨセフの跡を継いで大工をやっていました。そして、30歳のときに神の声を聞き、民を救うために布教活動を始めました。そして、3年後、ゴルゴダの丘で十字架にかけられ、処刑されたのです。

キリストは命を、「自分のためではなく人のために使いなさい」と言いました。

その教えは多くの人の人生を、劇的に変えてきました。

たとえば、彼の一番弟子であるペテロは、もともと荒くれ者の漁師でした。それがキリストとの出会いによって改心し、ともに布教の道を歩みます。

そして、彼は最終的に初代ローマ法王になったのです。


世の中を変えるのに時間の長さは関係ありません。

たった3年間の布教であっても、誰かの人生を180度変え、2000年に渡って多くの人に影響を与え続けることもできるのです。

使命感は、人間であれば誰もが持っている力です。

「命を、どう集中して使うか」によって、不可能を可能にすることもできるのです。

幸せのペイ・フォワード

いただいた命の使い方を考える。

1 - 11

『初代アンパンマン』の悲惨な最期

絵本作家のやなせたかしさんが描いた『アンパンマン』はアニメ化もされ、子どもたちに大変な人気があります。アンパンマンには「アンパンチ」や「アンキック」といった必殺技や、ジャムおじさんやバタコさん、カレーパンマンやしょくぱんまんなど、たくさんのヒーロー仲間がいます。

しかし、1969年に発表された童話『十二の真珠』に掲載されている「アンパンマン」という作品は、今の明るいアンパンマンとは、まるで違うお話です。

この作品のアンパンマンはごく普通の人間で、顔がアンパンではありません。

今の作品と区別するために、「初代アンパンマン」と呼ばれています。

初代アンパンマンは、ただ「空を飛べるだけ」の人間です。そして、貧しい人や戦争中の国で飢えている子どもの前にあらわれ、自分で焼いたアンパンを配っています。

悪者と戦う特別なパワーもなく、身にまとうマントはボロボロで、お腹もかなり出ている中年男のアンパンマンは、助けたはずの子どもたちからバカにされたり、「アンパンより、ソフトクリームが良かったなあ」などと言われる始末です。

それでも彼は、いつか世界に平和が訪れると自分に言い聞かせ、雨の日も風の日もアンパンを配り続けました。

しかし、あるとき、軍隊に敵軍の飛行機と間違われ、撃ち落とされてしまうのです。彼の死は誰にも知られず、悲しんでくれる人もいませんでした。

初代アンパンマンの最期は、悲惨で、救いがなく、とても寂しいものです。

しかし、彼は本物のヒーローであり、ヒーローの魂を持っていました。

アンパンマンの作者、やなせたかしさんは『アンパンマンの遺言』という自著の中で、「正義のための戦いなんてどこにもない」と言い切っています。

そして、本当の「正義」とは「献身」と「愛」であり、目の前で餓死しそうな人にひとかけらのパンを与えることだと述べています。

私も、震災に対する支援や、社会貢献活動をするときに考えていることは、ただ、「誰かの役に立ちたい」「子どもたちの未来が良くなりますように」ということだけです。その活動で賞賛されることは望んでいません。

それは、やなせたかしさんが初代アンパンマンを普通の人として描いたように、人間ならば誰もが持っている「苦しんでいる人を助けたい」という、自然な気持ちで取り組んでいるからです。無償の愛こそが、世界を平和に導くカギなのではないでしょうか。

幸せのペイ・フォワード

世界を救うのはヒーローではなく普通の人たち。

第2章

「見えない世界」を信じる

2-1

サンタクロースはいるか、いないか？

日本でサンタクロースを信じている子どもの割合は、ある保険会社の調査によると、小学校入学前で85％、小学1～2年生で60％、小学3～4年生で30％、小学5～6年生で10％未満です。アメリカの医学系調査でも、サンタクロースを信じている子どもの割合は、4歳児で85％、6歳児で65％、8歳児で25％でした。日本でもアメリカでも、サンタクロースを信じている子どもたちの割合は変わらないようです。

120年ほど前のアメリカで、「ニューヨーク・サン」という新聞に、8歳の少女の投稿が載りました。「私の友だちが『サンタクロースなんていない』と言います。サンタクロースは本当にいるんでしょうか？」

この投稿に対して、フランシス・P・チャーチという新聞記者が社説を書きました。

「サンタクロースがいない、というお友だちは間違っています。この世に愛や思いやりやまごころがあるのと同じように、サンタクロースはたしかに存在します。もし、サンタクロースがいなければ、人生の苦しみをやわらげてくれる詩も、ロマンスもなくなってしまうでしょう」

サンタクロースは目には見えないけれども、たしかに存在し、多くの人に愛や信頼、希望と喜びを与えています。この社説はのちに、「アメリカ新聞史上、最も有名な社説」と呼ばれるようになりました。質問した少女だけでなく、大人たちの心も揺り動かしたからです。この内容は、『サンタクロースっているんでしょうか？』という絵本になっています。ぜひ、読んでください。とても味わい深い絵本です。

幸せのペイ・フォワード

目に見えないものの存在を信じる。

2－2

天国にいる父に届いた手紙

イギリスの郵便配達サービスは、『ロイヤルメール』と呼ばれています。ロイヤルメールの発祥は古く、今から約５００年前の１５１６年、当時のイギリス国王ヘンリー8世によって設立されたと言われています。

さて、イギリスに7歳になるジェイスくんという少年がいました。彼のお父さんはもう亡くなっていたのですが、あるときジェイスくんは、そのお父さん宛に次のように封筒に書いて、誕生日カードを送ったのです。

「ゆうびんやさん、天国にいるパパに、このバースデーカードをとどけてください。よろしくおねがいします」。しばらくすると、ロイヤルメールから、一通の手紙が届きました。そこには、こんな内容が書かれていたのです。

「ジェイスくんからのお手紙を、無事、天国のお父さまにお届けできたことをご報告します。天国までの配達は、星や銀河の浮遊物を避けながらの厳しい道のりでしたが、たしかにお届けしましたのでご安心ください。今後も天国に問題なく配達できるよう、努力して参ります」

この心温まるエピソードは、ジェイスくんの母親がTwitter上で世界中に伝えてくれました。32万人を超える人が素晴らしいと反応し、18万人がこの話をリツイートしています。

ロイヤルメールは、幼くして父親を亡くした少年とその母親の心に「希望」を届けました。私たちも日々取り組む仕事で、子どもたちを元気づけてあげたいものです。

幸せのペイ・フォワード

真実の手紙は天国にも届く。

2-3

なぜ、日本は世界一100年企業が多いのか？

公認会計士の藤間秋男さんの著書『どんな危機にも打ち勝つ100年企業の法則』によると、日本には100年以上続いている会社が2万社以上あるそうです。

さらに、200年以上続いている会社は1241社あります。

一方、世界に目を向けてみると、イギリスとドイツでは100年を超えて存続している会社は2000社程度だそうです。古い歴史を持つ中国でも200年以上続いている会社はたった9社、インドは3社となっています。

なぜ、日本には長寿の会社が多いのでしょうか？　藤間さんは著書の中で、「日本人は続けることが世界一得意な民族だからではないか」と述べています。つまり、国民一人ひとりが、潜在的に危機を乗り越える力を持っているのです。実際、日本の企業は関東大震災からも、第二次世界大戦からも奇跡の復興を果たしています。
もう一つの長寿の理由として、日本人は自分の会社だけが生き残ればいいという感覚を持っていないことを藤間さんは挙げられています。他社やお客さまへの「思いやり」があるから会社が存続できるというのです。

外国企業の多くは、他社を「敵」か「味方」としか見ていません。ところが、ほとんどの日本企業は、仕入先や取引先、販売先のことまで考えて経営しているのです。
つまり、周りの人と手を取り合って、「共存共栄」を願うのが日本人的な経営であり、それこそが会社が100年続く秘訣なのです。

幸せのペイ・フォワード

ライバルと手を取り合う。

2-4

ルール違反のサービス

日本にはサービスに対して「チップ」を払う習慣はありません。しかし、先日、沖縄のホテルに泊まったとき、私はたまたま米ドル札を持っていたので、「ベッドメイキング、お疲れさま」とメモを添え、毎日、枕元に2ドルずつ置きました。

実は私は、若いころにホテルで部屋の清掃をするアルバイトをしていたことがあります。だから、その仕事が、いかに大変なのかを知っていました。ぐちゃぐちゃになっているシーツや布団をいかに素早く片づけるか、いつも頭を悩ませていました。

そんなベッドメイキングの仕事をしていた当時、印象的な出来事がありました。

あるお客さまがチェックアウトした後の部屋に行くと、サイドボードの上に折り鶴が置かれ、その下に「ありがとう」と書かれたメモがあったのです。

今でも私はホテルに泊まるたびにあの鶴のことを思い出し、心が温かくなります。
ですから私は、チップの２ドルとともに感謝のメモを添えたのです。

ある日、仕事からホテルに帰ってきて私は驚きました。
部屋のデスクに水と炭酸水のペットボトルが２つ置いてあったからです。このような特別サービスは、本来はやってはいけないことです。しかし、清掃の方のお礼の気持ちだったのでしょう。私はボトルを喜んで受け取りました。

人は相手から親切にされると、感謝したり、恩返しをしようとします。これを『返報性の法則』といいます。この返報性の法則が日本中、世界中にどんどん広がっていけば、人々は毎日、幸せな気持ちで生きていけるのではないでしょうか。

幸せのペイ・フォワード

折り鶴に乗せて「感謝の気持ち」を届ける。

2-5

「透明資産」がお客さんを呼び込む

私はさまざまな会社を経営し、いろいろなビジネスを見てきました。

「流行っているお店」と「流行っていないお店」の違いはなんだと思いますか？

その違いは、「透明資産」があるかないかです。

「透明資産」とは、そのお店がやっている「目には見えないサービス」のことです。

たとえば、茨城県牛久市にあるパン工房『ペシュ』のオーナー・野口貴美子さんは、お客さんが注文したパンが売り切れていたとき、そのパンが売り切れているのがわかっていても、わざわざ裏の厨房まで行って確認し、それから「すみません、これから焼きますね」と言うそうです。これはお店のパンを楽しみに来店したお客さんの気持ちを考えて、あえてやっていることなのです。

また、ペシュでは、少量ずつ一日に何回も分けて焼き、いつもできたてのパンをお客さんに提供しています。そして、焼き上がったときには、「ただいま○○パンが焼き上がりました！」と、大きな声で伝えています。

他にも、お客さんを名前で呼んだり、オープンキッチンで製造工程を見えるようにしたり、店内を焼きたての香りで満たしたりもしているそうです。

このように目には見えないけれども、お客さんに喜んでもらえるような、さまざまな工夫や演出をしているからこそ、ペシュは、有名パン屋さんがひしめく牛久市の人気店になっているのです。

幸せのペイ・フォワード

「ひと声」「ひと手間」が人を幸せにする。

2-6

流行っている店の共通ルールとは？

海外から始まった「プラスチック製ストロー廃止」の流れを受け、国内の飲食店でもプラスチック製ストローを使わない動きが広がっています。

スターバックスは使わないという方針を固めましたし、飲食店チェーンのガストでは、すでにストローが紙製のものに取り替えられています。

とはいえ、プラスチック製のストローを必要とする人は世の中に大勢います。たとえば、身体の不自由な方です。むやみに世間の風潮やルールに縛られすぎて、そのような人たちへの配慮まで失われないようにしなければなりません。

コーヒーチェーン店のドトールでは、早くから盲導犬の入店を認めただけでなく、身体の不自由な方には、店員が走ってストローを持っていく店があるそうです。

また「大阪焼き肉・ホルモン ふたご」という焼き肉チェーン店では、すべてのお店に耳が不自由な方のための会話用ホワイトボードが置いてあるそうです。店員さんの声が聞き取れなくても、スムーズに注文ができるのです。

ハンディキャップを持つ方たちへの気づかいができているかどうかは、お店の「哲学」ではないかと私は思っています。個人店ならば店長の、チェーン店ならば経営者の哲学として、他の人に対する思いやりを持てるかどうかにかかっているのです。

お客さんは、そのようなお店の姿勢を敏感に感じ取り、「また来よう」となりますから、結局、お店の哲学が売り上げに影響するのではないでしょうか。

幸せのペイ・フォワード

繁盛店の共通ルールは「思いやり」。

2-7

世界平和と逆行する「アメリカ・ファースト」

「アメリカ・ファースト」とは、「アメリカ第一主義」という意味の言葉です。

これまでアメリカは、「世界の警察」を自称し、国際社会をリードしてきました。しかし、2016年に当選したトランプ大統領は、アメリカ国内における社会・経済問題の解決を最優先しています。また、貿易と防衛における国際的な協力関係についても見直しを進め、孤立する方向に進んでいます。つまり、「アメリカ・ファースト」とは、「アメリカさえ幸せになれば他国がどうなっても構わない」方針なのです。

トランプ大統領は、アメリカの産業を助けようとして、他国からの輸入品に高い関税をかけました。その結果、輸入される商品を購入していた自国の消費者や、部品を輸入して製品を作っていた自国の企業が困っています。しかも、その報復として他国も関税を上げ、アメリカで生産された商品の輸出も減ってしまいました。自分たちさえ良ければいいという政策は、自分たちの首を締める結果になってしまったのです。

読者のみなさんは、中学校の社会科で習った「楽市・楽座」を覚えていますか？戦国時代、織田信長は誰でも自由に商売をする権利を認め、さまざまな税金を免除したところ、経済が活発になり、みんなが豊かになったという制度です。

このように、国の経済が豊かになることは平和につながり、国が貧しくなれば貧困と病気が忍び寄ります。私は経済交流を活発に進め、人とものが自由に行き来できてこそ、お互いを理解し合うことができ、テロや戦争を防ぐ道になると思います。

幸せのペイ・フォワード

みんなの利益を考えると、みんなが幸せになる。

2-8

「ウンコ」は感謝して流す

「ウンコ」のことを多くの人は汚いと言いますが、私はそうは思いません。母に、「ウンコはもともと、自分が食べたものだから、汚いものでもなんでもない。食べたものがあなたの栄養になって、そのカスが出てきているだけ。これが出なければ大変なことになるのよ」と教えてもらったからです。

お陰で、私はボランティアでトイレ掃除をするときも、素手で全く平気です。

私が中学校で体育教師をしていた時代、生徒たちはみんなトイレ掃除を嫌がっていました。そこで、私は「便器に名前をつけてかわいがってあげよう」と呼びかけ、学校の便器に「トム」や「ジェリー」と名前をつけました。そして、「自分の友だちだと思えば、ぜんぜん汚くないだろう?」と教えたのです。

トイレは汚いものだと思えば、掃除が嫌になります。しかし、便器に愛情を持ち、自分が出した「ウンコ」に「今日も頑張って、出てきてくれたね」と感謝すれば、掃除は苦にはならないのです。

私は現在も、さまざまな学校から頼まれて、生徒のスポーツ指導に行っていますが、その際には必ず、指導を受ける生徒や保護者の方たちと一緒に、トイレの掃除をさせてもらっています。剣道や柔道で大切な「礼に始まり、礼に終わる」という思想には、「掃除」も入っているからです。実際、生徒も保護者も最初はおっかなびっくりですが、便器がピカピカになるころには、平気で素手で掃除をしています。

幸せのペイ・フォワード

「汚い」という固定観念を捨てる。

2-9 ニンジンは薬にも毒にもなる

私たち人間は太古から地面・海底を掘り起こして、さまざまな資源を取り出してきました。

金、銀、銅、鉄をはじめとする金属類、石炭や石油、天然ガスといった燃料など、それらはいずれも文明社会には必要なものです。

中には、ウラン、プルトニウム、トリウム、ラジウムといった放射性物質もあります。この資源から、核兵器という人類を何百回も滅亡させられる兵器を作ってしまいました。私たちは地中から「パンドラの箱」を掘り起こしてしまったのです。

しかし、原子力エネルギーは電力として平和利用することもできるし、放射線照射によるガン治療にも利用できます。

これと同じことは、「お金」にも言えます。

たとえば、あなたの財布に1万円があったとしましょう。その1万円を困っている人のために使えば、お金は世の中を良くしてくれます。反対に、その1万円を競馬やパチンコなどのギャンブル、またはタバコやお酒に使ってしまえば、お金はあなたの心や体、人間関係を破壊してしまうかもしれません。

「人参、よく人を生かし、よく人を殺す」ということわざがあります。この人参（ニンジン）とは、漢方薬でよく使われる「高麗人参」のことで、使いようによっては毒にも薬にもなるという意味です。

結局、この世のすべてのものは、「使い方次第」「使う人次第」なのです。

幸せのペイ・フォワード

パワーを使いこなす人になる。

2-10

お金はなくても人を幸せにできる

長年、私はさまざまな社会貢献活動をしてきましたが、よく周りの人に「中谷さんは才能があるすごい人だからできるんだ」と言われ、悲しくなることがあります。

私は、才能なんてありません。すごい人でもありません。ただ、ほんの少しだけ勇気を出して、小さな一歩を踏み出しただけです。子どもたちにランドセルを届けたときも、最初の数は、ほんのわずかでしたし、若手起業家のために学校を立ち上げたときも、数人しか入れないような会場からスタートしました。

「いつでも」「どこでも」「誰でも」、人のためにできることはあります。

仏教の教えの一つに、「無財の七施」があります。これは財産を持っていない人でも、他者に対して７種類の施しができるという教えです。

その内容は、「眼施《げんせ》（やさしい眼差しで接すること）」「和顔施《わがんせ》（やさしい表情で接すること）」「愛語施《あいごせ》（やさしい言葉を使うこと）」「身施《しんせ》（人の嫌がる仕事を率先してすること）」「心施《しんせ》（相手の不幸や悲しみに共感すること）」「床座施《しょうざせ》（席や場所を譲ること）」「房舎施《ぼうじゃせ》（相手に雨風をしのげる場所を提供すること）」。いずれも今日から誰にでもできることです。お金はなくても人を幸せにすることはできるのです。

あなたの隣で苦しんでいる人を助けることは、あなたにしかできません。

家族、友だち、会社や学校で出会う人たちのために、まずは、「相手のために何ができるか」を考えてみてください。

幸せのペイ・フォワード

お金はなくてもプレゼントはできる。

2 - 11

目標は「何時何分何秒」まで書く

人間は誰でも、楽をしたい生きものです。何かと口実を設けて、できない言い訳をしたり、苦しさから逃げようとします。それではいつまでたっても夢は叶いません。

私は、どうしても達成したい目標については、必ず、「何年何月何日何時何分何秒までにやる」と決めています。具体的には、目標と、それを達成する年月日に何時何分何秒までを紙に書いて、見えるところに貼っておきます。すると、脳がシメキリに間に合わせようと、驚くほどのパワーを発揮するのです。

私が、このような目標達成法を編み出したのは、バスケットボールの選手だったからです。試合時間がはっきり決まっていない野球や、「ロスタイム」が審判の判断次第のサッカーと違い、バスケットボールは試合時間が厳格に決まっています。10分間の試合を4回繰り返すのですが、ファウルやフリースローなどで試合が中断されるときは、試合会場に掲示されている時計が止められます。つまり、「ロスタイム」がないので、会場の時計が「40分」を示せば、その瞬間、試合終了のブザーが鳴るのです。

バスケットボールならではのルールで鍛えられた結果、私は、目標達成の期限を「秒単位」までこだわることを学んだのです。

ちなみに、バスケットボールで最も試合が盛り上がるプレーの一つを、「ブザー・ビーター」（試合終了のブザーが鳴ると同時に決まったシュート）と言います。

最後まで諦めないことが、夢を叶える秘訣なのです。

幸せのペイ・フォワード

最後の1秒まで諦めない。

2-12

「一度でも諦めてしまうとそれがクセになる」

「バスケの神様」と呼ばれるマイケル・ジョーダンは、世界最高のレベルを誇るNBAにいた15年間で、得点王10回、シーズンMVP5回、ファイナルMVP6回を獲得し、通算成績の平均得点30・12は歴代1位という、まさに伝説の人物です。

しかし、そんな偉大な人物でさえ、何度も挫折を味わっています。

たとえば、高校2年生のときには、バスケ部のレギュラーから外され、試合にほとんど出られませんでした。監督に「まだ、レギュラーになるほどのレベルではない」と言われたのです。そこで、彼は毎朝6時から密かに猛練習を重ね、ついに大学のバスケ部に進むための奨学金を手に入れます。

大学でも入部当初のジョーダンは背も低く、「あいつは、大学卒業後、ガソリンスタンドで働くだろう」と言われていたのです。しかし、彼は諦めずに特訓を重ね、卒業時には全米大学バスケの年間最優秀選手に選ばれるほどになります。

そして、『シカゴ・ブルズ』に入ったのですが、3年連続して地区大会の決勝で同じチームに負けてしまいました。そこで、自分で得点を取るプレイスタイルからチームメイトを生かすスタイルに変え、ついにNBA3連覇という栄光をつかむのです。

冒頭の「絶対に諦めるな」という彼のメッセージは、まさに彼のバスケ人生そのものと言えるでしょう。何度も訪れた挫折の中で、彼が一度でも諦めていたら、私たちは彼の素晴らしい活躍を見ることはできなかったはずです。

幸せのペイ・フォワード

逆境は努力で乗り越える。

第3章

「大きな愛」が人を幸せにする

3-1

カラオケで優勝すると100万円

現代の日本には「独居老人」が多く、孤独死している方も数多くいます。

私が監査役を務めているNPO法人『高齢者医療福祉協会』（内閣府認定事業）では、「高齢者の見守り活動」を通じて、孤独死の防止や適切な医療を受けるためのサポートを行っています。高齢者の方のご自宅に「タッチパネル型電話機」を無償で貸与し、生存確認を兼ねて、担当者が毎日電話をします。その電話で買い物やデイサービスの手続き、病院に一人で行けない人の通院などを手助けしています。

同NPOでは、一人暮らしの高齢者が輝ける場作りも行っています。たとえば、お笑いの『吉本興業』と手を組んで毎年1回「カラオケ大会」を開催しています。

歌のうまさだけを競う大会ではありません。「歌で笑いを取る人」が勝ち上がる大会なのです。優勝商品もユーモアがあります。

優勝すると「100万円の現金」ではなく、「100万円相当のお葬式代」が贈られるのです。こちらは『公益社』という葬祭サービス企業がスポンサーになっています。

そして、副賞はテレビでの「メジャーデビュー」です。

いくつになっても「歌手になる」という夢が叶うのです。

全国大会の審査員には西川きよしさんと、妻のヘレンさんといった有名人も来てくれます。私もこのカラオケ大会の審査員をやっていますが、歌っている途中で歌詞を忘れる人がいたり、入れ歯が舞台に吹っ飛んだりして、みなさん大笑いです。

幸せのペイ・フォワード

100歳になっても人は輝ける。

3-2

動く結婚式場があってもいいじゃないか

結婚式は、今までお世話になった人たちに感謝の心を伝え、美しく成長した姿を披露する場です。しかし、健康上の理由から、結婚式に参加できない方も大勢います。

「高齢や病気などで移動が困難な方にも、結婚式に参列していただきたい」

そんな願いを叶えるために、兵庫県のある会社では、トレーラーハウスを改造した「移動式チャペル」を使い、結婚式を派遣するサービスを始めました。

このサービスを使えば、入院されている高齢者の方が式場に来れなくても、病院の駐車場に移動式チャペルを持ち込み、そこで結婚式を挙げることができます。

また、世の中には、事故や障がいによって車椅子生活の方もいます。

「車椅子でも新婦に美しくウェディングドレスを着てほしい」

東京と大阪のあるホテルでは「車椅子一体化ウェディングプラン」を行っています。

このプランで使用されるウェディングドレスと一体化できる車椅子は、真っ白なドレス生地に覆われ、タイヤや金属は一切見えません。さらに、移動だけでなく高さ調節もでき、新郎との身長差の問題も解消されました。

結婚式とは愛し合う2人が結ばれる、まさに幸せの象徴とも言えるイベントです。だからこそ、その幸せをどんな人でも受け取れるようにしたいと考え、大勢の人が知恵を絞り、工夫をしています。「移動式チャペル」も「車椅子一体化ウェディングドレス」も、そんな努力の結晶と言えるでしょう。

幸せのペイ・フォワード

「誰かの幸せ」を考えると素晴らしいアイデアが生まれる。

3－3

ゴミを成敗する「ゴミ拾い侍」

ネット動画で話題になっている『ゴミ拾い侍』を知っていますか？

時代劇に出てくる侍が繰り広げる殺陣《たて》（チャンバラ）のような華麗な動きで、街に落ちているゴミを拾う（「ゴミを成敗する」）動画は、４００万回以上再生され、大人気です。彼らの活動を見て、ゴミのポイ捨てをやめた人も多いそうです。

また、『グリーンバード』というＮＰＯ団体は、おそろいのビブス（サッカーやバスケなどのユニフォームの上につける薄いベスト）を着てゴミを拾っています。参加者は若い世代の方たちが多く、とても熱心です。

私も昔から、街なかでゴミを見かけると、すぐに拾うようにしています。また長年、駅や公園などでゴミを拾うボランティアグループにも参加してきました。ゴミを拾うと街がきれいになるだけでなく、自分の心もきれいになるような気がします。

「ゴミ拾い」は、人として大切なことをいろいろと教えてくれます。

大手カー用品販売店、イエローハット創業者の鍵山秀三郎さんが相談役をされている、ＮＰＯ法人『日本を美しくする会・掃除に学ぶ会』には、私の他にも多くの経営者が参加しています。

鍵山さんは自転車を使って、カー用品の行商をするというところからスタートし、会社を東証一部上場企業に育てた方ですが、「その秘訣は掃除にある」と、いつも話されています。気持ち良く働ける環境を整えると、社員は生き生きと働き、来店されたお客さまも喜び、業績がどんどん向上していくそうです。

幸せのペイ・フォワード

心の中の「ゴミ」を拾おう。

3－4

30年間トイレ掃除を続けているビートたけしさん

タレントのビートたけしさんは、お笑い芸人としてだけでなく、映画監督としても世界的に有名になり、現在も芸能界のトップとして活躍しています。

そんなビートたけしさんが、テレビでこんな話をしていました。

「若いころ師匠に、トイレを綺麗に掃除しろと言われてから、30年以上、ずっとトイレ掃除をやり続けてきた。自分の家だけでなく、ロケ先や公園、ときには隣の家のトイレ掃除もした。オレが成功しているのは、トイレ掃除のお陰かもしれない」

彼の弟子で元宮崎県知事の東国原英夫さんも、たけしさんのトイレ掃除の習慣について「居酒屋に行ってもトイレ掃除から始まるからね」とテレビで打ち明けていました。

トイレ掃除をすることそのものは、誰でもできることです。そして、掃除をすると、そのトイレを使う人は気分が良くなります。

誰かのためになることをするのが「社会貢献」ですから、「トイレ掃除」は立派な「社会貢献活動」ということになります。

さて、「トイレ掃除をすると運が良くなる」とよく言われますが、それは本当なのでしょうか？　私は本当だと思います。

まず、自分からトイレ掃除をするような人は、周りの人（＝次にトイレを使う人）のことを思いやれる人です。そして、そんな行いを周りの人はよく観察しています。だから、多くの人に信頼され、良い縁に恵まれ、運が良くなるのです。

幸せのペイ・フォワード

トイレ掃除をすると運が良くなる。

3－5

悪口をTシャツにプリントした女子高生

最近の日本の若者の自殺率は、世界でも有数の高さになっています。

２０１８年の『自殺対策白書』（厚生労働省）によると、15～34歳の若い世代で、死因の第1位が自殺なのは、先進国では日本のみというほど深刻なのです。

多くの若者が、学校や職場での「いじめ」が原因で自殺するケースがあとを絶ちません。どこかで、この負の連鎖を断ち切る必要があります。そのために私は、子どもたちに「いじめ」をはねのけるだけの強い精神力を鍛えてほしいと思っています。

カナダの高校生、カイリー・クッコラさんは、ある日、次のような自分に対する悪口が女子トイレの壁に書いてあるのを見つけました。

「カイリー・クッコラは、ムカつく、スタイルが悪い、ブスで誰とでも寝る女！」

それを見たカイリーさんは、最初は気にせず、忘れようと思いました。しかし、学校では陰湿ないじめが広がっていました。そこで彼女は、その落書きを写真に撮り、なんとTシャツにプリントして、学校に着ていったのです。

すると、学校では想像以上の反響がありました。多くの生徒がカイリーさんの勇気に感動し、応援してくれました。そして、学校側もこの事件を取り上げ、彼女を生徒会のメンバーに推薦し、校内のいじめを防止するワークショップでスピーチをお願いしました。その結果……彼女の高校では、ほとんどいじめはなくなったのです。

カイリーさんは、強い心と明るいユーモアで、自分に向けられたいじめをオープンにしました。その勇気ある行動によって、多くの生徒たちが勇気づけられたのです。

幸せのペイ・フォワード

「思い切った行動」がいじめをなくす。

3－6

ハッタリで未来を変える

ビル・ゲイツは若いころ、アイデアだけで未来を変えた経験があります。

まだ大学生だった彼は、Altair 8800というパソコンを開発した会社に、単なるアイデア段階なのに、「自分たちはすでに御社のパソコン用のＢＡＳＩＣソフトを開発している」と電話したのです。

その電話で、パソコン開発会社がＢＡＳＩＣソフトを最初に持ってきた人と契約するつもりであることを知った彼は、この日から8週間、３人の仲間と寝食を忘れてプログラミングに没頭し、ソフトを完成させたのです。このソフトは、彼の最初の大ヒット商品となり、マイクロソフト創業のきっかけになりました。

同じく、アイデアを語ることで世界を変えた人物がいます。「発明王」と呼ばれた、トーマス・エジソンです。彼の先見の明は、人を雇い、組織で発明したことです。それにより、電話や蓄音機などの発明品を一代にして生み出したのです。

偉大な発明家として人々の関心が集まる中、彼は電気事業への参入を表明。研究者を総動員して５０００種類ものサンプルを作り、完成させたのです。

有名な話ですが、実は、電球を一番最初に作ったのはジョセフ・スワンというイギリスの科学者で、エジソンではありません。

けれどもエジソンは、電気事業への参入を宣言し、電球の照明時間を伸ばし、最終的にはスワンの権利まで購入して、法的にも白熱球の開発者になりました。

最初に宣言することで、切り開かれる未来があるのです。

幸せのペイ・フォワード

ときには自分を大きく見せる。

3－7

賢者の贈り物

アメリカの作家、オー・ヘンリーの短編『賢者の贈り物』は有名な小説ですね。

若い夫婦が、クリスマスにお互いに贈り物をしようとします。しかし、どちらもお金がありません。妻は自分の豊かな髪を切って売りました。そして、手に入れたお金で夫が大切にしている金の懐中時計につけるプラチナ製の鎖を買います。ところが、夫は大切にしていた金の懐中時計を売り、妻の豊かな髪のために、彼女が欲しがっていた美しいクシを買ってきたのです。

結局、彼らのプレゼントはどちらもムダになってしまいますが、2人はにっこりと微笑みました。

まるで、「賢者が選んだ贈り物」であるかのように、素晴らしい贈り物を2人は交換し合ったのです。

作者のオー・ヘンリーは、決して恵まれた人生を送った人ではありません。銀行員をしながら、ほそぼそと売れない小説を書き続けていました。

さらに、銀行で横領の疑いをかけられ、刑務所にも入れられました。妻の危篤を聞きつけ、保釈金を払って出所し看病しましたが、その甲斐なく早くに亡くしてしまいます。

彼の書いた物語は、そんな悲しみと苦しみを経て、生み出されたものでした。

『賢者の贈り物』には、どんなに貧しく、苦しい生活の中でも愛情を失わなかった夫婦の姿が描かれています。それは作者が、どんなときでも「思いやり」を失ってはならないと伝えたかったからではないか、と私は思うのです。

幸せのペイ・フォワード

思いやりがあれば、どんな貧しさにも負けない。

3-8

世界で最も文字の少ない反戦絵本

小泉吉宏さんという方が描いた『戦争で死んだ兵士のこと』という絵本があります。

絵本の冒頭のシーンでは、森の中で一人の兵士が死んでいる姿が描かれています。この本はページをめくっていくと、どんどん時間がさかのぼり、死んだ兵士の過去が明かされていくのです。

1時間前、彼は敵と闘っていました。8時間前には、基地で朝食を食べていました。ほんの3日前、基地に呼び集められたばかりでした。10日前には、恋人にプロポーズをしていました。さらに時間はさかのぼります……。

2年前には大学を卒業し、就職しました。4年と9ヶ月前、かわいがってくれた祖父が亡くなりました。高校時代は毎日、バスケットボールをしていました。

どんどん時間は戻り、この世に生を受けた日のかわいい赤ちゃん姿が描かれます。

その前は、お腹の大きいお母さん、そのお腹をさする幸せそうなお父さん……。


そして、最後のページには再び、死んだ兵士のうつ伏せの姿が描かれます。

この絵本では、戦争の悲惨さが生々しく描かれることはありません。

しかし、読者の心には深く重いものが残ります。


今、世界では、毎日のように紛争やテロによって、多くの人が亡くなっています。

しかし、私たちは遠い世界のできごとのように感じてはいないでしょうか？

亡くなった一人ひとりに、かけがえのない大切な思い出があったはずです。それがわかれば、私たちは、もっと相手をいたわることができるのではないでしょうか。

幸せのペイ・フォワード

誰にでも愛する人、愛してくれる人がいる。

3 – 9

すべてを与えたリンゴの木

シェル・シルヴァスタインという方が描いた『おおきな木』という絵本があります。この本は、小説家の村上春樹さんが翻訳したことでも有名です。

この絵本には、「リンゴの木」と「少年」が登場します。彼らは、大の仲良しで、幼いころの少年はリンゴの枝にぶら下がって遊んだり、葉っぱでかんむりを作ったり、木になったリンゴの実を食べたりしていました。

やがて少年は大きくなると、リンゴの木にお金が必要だと言いました。すると、リンゴの木は、リンゴの実を売ってお金にするように言います。

それから月日が経って、少年はリンゴの木に、家族のために家を建てる木材が必要だと言います。リンゴの木は、自分の枝を持っていくように言います。

さらに月日が経って、少年は旅に出るための船を作ると言います。リンゴの木は、自分の幹を切って船の材料にするよう言います。

長い月日が経ち、また少年が木に会いに来ると、リンゴの木は、もう何も与えるものがないと言いました。リンゴの木は、ただの切り株になっていたからです。

しかし、年老いた少年は、「ぼくはもう、とくに何も必要とはしない。腰をおろして休める、静かな場所があればそれでいいんだ」と言い、その切り株に腰かけました。

「与える」ことで満たされる生き方もあります。

少年に何もかも与えたリンゴの木ですが、自分のすべてを与え尽くして生涯を終えることは、この上なく充実した生き方だと私は思うのです。

幸せのペイ・フォワード

与えれば与えるほど心は満たされる。

3-10

山を動かした男、木を植えた男

あなたはこれから紹介する2冊の絵本から何を感じますか？

まずは、『半日村』という本です（作・斎藤隆介　絵・滝平二郎）。

高い山に太陽を遮られ、一日の半分しか日が差さない村の話です。あるとき、一平という少年が山に行き、山の土を袋に詰めて持ち帰り、近くの湖に捨てます。

そのうち、村の子どもたちがみんな一平のマネを始めました。それを見ていた大人たちも、仕事の合間に山の土を削って湖に捨て始めました。

何十年も月日が経ち、村の大人たちは亡くなり、一平たちが大人になります。

それでも、一平たちの子どもたちも、山の土を削って湖に捨て続けました。

ある日、山は半分になり、村に朝日が差し込みました。山の土で埋められた湖は、新しい田んぼになっていました。そして、村は「一日村」と呼ばれるようになったのです。

もう一つ、『木を植えた男』という絵本を紹介しましょう（作・ジャン・ジオノ）。

この話は、フランスの草も木も生えていない荒地で、一人、どんぐりの木の実を植えている初老の男が主人公です。その間には、第一次世界大戦と第二次世界大戦が起きますが、そんなことはおかまいなしに、男は木の実を荒地に植え続けていました。そして、20年以上が経ったとき、ついに荒地は豊かな森になっていたのです。

2つの物語は、どんなに遠い目標でも、多くの人と長い時間をかければ、必ず達成できることを教えてくれます。

幸せのペイ・フォワード

不可能も時間をかければ達成できる。

3-11

たった一匹の子犬が世界中の犬の命を救った

アメリカに、「奇跡の子犬」と呼ばれている犬がいます。名前はルドルフ。

ルドルフは、生後7～8ヶ月のときに動物保護シェルターに保護されたのですが、そのシェルターはすでに収容可能な頭数を超えていたため、ルドルフは安楽死させられることになりました。

担当の獣医は、ルドルフに安楽死用の注射をした後、いったんその場を離れました。そして、戻ってきたところ、なんと死んでいるはずのルドルフが目を覚ましていたのです！　この信じられない光景を目の当たりにした獣医は、もう一度、注射を打つことはできませんでした。

ルドルフは、アイオワ州にある別の動物保護シェルターに引き取られることになりました。そして、このシェルターのフェイスブックに「ルドルフの奇跡」が投稿されたところ、多くの人たちから「ルドルフを引き取りたい」という応募が殺到したのです。

安楽死用の注射を打たれたルドルフが、なぜ生きていたのか、その理由はわかりません。しかし、この事件をきっかけに、世界中でペットの命を守る運動に火が点きました。一匹の子犬に起きた奇跡によって、世界中がペットの安楽死をなくす方向に動き出したのです。

海外だけでなく日本でも、「ペットの殺処分ゼロ」を掲げる自治体が増えています。ルドルフが教えてくれた命の尊さを、これからも忘れないようにしたいですね。

幸せのペイ・フォワード

良心に従って生きる。

3 - 12

雌ゴリラのココは「人間は愚か」と語った

2018年6月、人と会話できるゴリラが、46歳で亡くなりました。このゴリラはメスのローランドゴリラで、「ココ」という愛称で呼ばれていました。ココは幼いころから心理学者のパターソン博士から手話を教えられ、2000種以上の言葉を理解し、それを使って人間と会話をしていました。

あるとき、ネコの出てくる絵本を見たココは子ネコを欲しがりました。そして、本物の子ネコをプレゼントされると、母親のように愛情をそそぎ、かわいがりました。子ネコが交通事故で死んだときには悲しみを手話で表現し、涙を流したのです。

また、ココは「死んだらどこに行くの?」という研究者の問いに、「苦労のない穴にさようなら（Comfortable hole bye）」と答えました。死の概念を理解していたのです。

２０１５年、地球の温暖化対策について話し合う国際会議がフランスで開催されたとき、ココはビデオメッセージを送っています。

「私はゴリラ。私は花。私は自然。ココは人間が好き。地球が好き」

「でも、人間は愚かだ。ココは残念。ココは泣く。時間がない」

「地球を助けて！　地球を守って！　自然があなたの行動を見ている」

ココは地球の環境を破壊し続ける現代社会に、警鐘を鳴らしていたのです。

ココが残してくれた言葉は、どれもまっすぐで豊かな愛情に満ちあふれています。

人間は自分の利益ばかりを考え、自然に対する感謝を忘れてしまっています。

「もっと自然を大切にしなければならない」というココの言葉を、私たちは今こそ、真剣に受け止めるべきではないでしょうか。

幸せのペイ・フォワード

人間は自然の一部、だから自然を大切にしよう。

第4章

子どもは「未来への架け橋」

4-1
ホームラン地蔵

東京都品川区の『海徳寺』というお寺に、「ホームラン地蔵」と呼ばれるお地蔵さまがひっそりと佇んでいます。なぜか野球のバットとボールを持ち、野球少年たちの守り神とも言われているこのお地蔵さまは、実は世界のホームラン王・王貞治氏に関係があります。

1959年、まだルーキーだった巨人軍の王貞治選手は、ある病院を訪れたときに、心臓病で入院していた岩崎和夫くんという10歳の少年と知り合い、励ましの言葉をかけました。

「僕もホームラン王になれるように頑張るから、キミも病気に負けないよう頑張れ」

その後も王選手は、病院の近くの球場で試合があると和夫くんの病室を訪ねました。王選手が来るたびに、彼は目に涙をためて喜んだといいます。

しかし、1962年、和夫くんはわずか13歳で亡くなってしまいました。彼の棺には、王選手が愛用していたバットとグローブが入れられました。そして、右手にバット、左手にボールを持ったお地蔵さまがお墓として建てられました。

和夫くんが亡くなった1962年、王選手は初のホームラン王を獲得します。ホームランの世界記録を樹立したときも、その報告に墓を訪れました。

人は誰かのために頑張るとき、一番力を発揮します。また、「誰かのために」という想いこそ、最も長く続くモチベーションになるのです。

幸せのペイ・フォワード

励ますことは励まされること。

4-2

冬を知らない沖縄の子どもたちに雪を見せる

私は一般社団法人『おきなわ離島応援団』という団体に注目しています。この団体は、石垣島出身でＩＴ企業を創業した今井恒子さんによって作られました。

沖縄県の本島以外で人が住んでいる39の離島のうち、高校があるのは４島のみ。大学はゼロです。つまり、ほとんどの子どもたちは、中学を卒業するとともに故郷の島を離れなければなりません。応援団は、そんなハンディキャップを背負った離島の子どもたちのために、さまざまな支援活動をしてきました。

その一つに、「子どもたちを本土（主に東京近郊）に連れていく」があります。

まず、今井さんたちは、沖縄には高い建物がないので、日本で一番高い建物を見せてあげようと、子どもたちを『東京スカイツリー』に連れていきました。しかし、子どもたちは、全然喜ばなかったのです。そこで子どもたちにアンケートを取り、どこに行きたいか聞いてみました。すると、全員が「雪を見たい」と答えたのです。

翌年、子どもたちを雪深い長野県の『戸隠スキー場』に招待しました。すると、生まれて初めて雪を見た子どもたちは、現地に着いたとたん目を輝かせました。そして、歓声をあげて、雪合戦やカマクラ作り、スキーに夢中になったのです。

本当にやってみたいことは、子ども自身が知っています。大人たちが良いと考えるものを押しつけるよりも、子どもたちに思いきり遊ばせる体験をさせてあげることが大切なのです。

幸せのペイ・フォワード

やりたいことは相手に決めさせる。

4-3

病気の子どもたちを支える『マクドナルド・ハウス』

ハンバーガーチェーン店のマクドナルドは、いつも賑わっています。そんなマクドナルドは、病気の子どもたちとその家族を支える施設を運営しています。

この施設の正式名は、『ドナルド・マクドナルド・ハウス』と言います。そう、マクドナルドのお店に行くと、いつも店先で出迎えてくれる赤い髪に黄色い服を着たピエロのようなマスコットキャラクターの名前がつけられているのです。

通常、入院した患者につき添う家族は、病院の小さな椅子やベンチ以外に居場所がありません。何日も泊まり込みでつき添うとなると、気力も体力も消耗してしまいます。このハウスは病院のそばにあり、家族は1日わずか1000円で利用できます。

ハウスにはベッドルーム、キッチン、ランドリーなどが完備されており、つき添いの家族はそこで安心して過ごすことができます。

このハウスが生まれたのは１９７４年、アメリカのフィラデルフィアでした。

アメリカンフットボールの選手だったフレッド・ヒルさんが、３歳の娘が白血病で入院した際、つき添う家族の環境があまりにもひどいのを見て、病院の近くのマクドナルドのオーナーや医師、仲間のフットボール選手らの協力を得ながら募金活動を始めました。そして、世界最初のドナルド・マクドナルド・ハウスが完成したのです。

現在、世界42ヶ国、３６７ヶ所にハウスがあります。

日本では２００１年に初めてできて、現在では全国12ヶ所に整備されています。

幸せのペイ・フォワード

ハッピーは「おすそわけ」できる。

4-4 空から降ってきた「ぬいぐるみ」

私が、子どもたちにスポーツをすすめる理由はたくさんあります。

たとえば、言葉や人種の壁を超えたコミュニケーションを身につけられること。仲間と力を合わせて一つの目標を達成することの素晴らしさを体験したり、人間関係を築いていく方法やリーダーシップも学べます。苦しい練習に耐え抜くことで、へこたれない精神力も鍛えられるでしょう。試合中は正々堂々と戦い、試合が終わればお互いの健闘をたたえ合うのもスポーツの美点です。

さて、プロスポーツの試合は、観る人に夢と希望を与えてくれます。

それは、オランダのサッカーチーム「フェイエノールト」と「エクセシオール」の試合でのことでした。地元チームのフェイエノールトは、地元の病院に入院する子どもたちと、その家族を試合に招待していました。

試合が始まってから、19分が経過したときのことです。突然、子どもたちが座るスタジアムの1階席に、2階席から何百体ものぬいぐるみが、雨のように降り注ぎました。これには子どもたちも大喜びし、スタジアム全体が感動に包まれました。

このぬいぐるみを用意したのは、ライバルであるエクセシオールのサポーターたちでした。彼らはフェイエノールトが、病気と闘う子どもたちを試合に招待したのを知り、少しでも彼らを励ますことができればと考え、ぬいぐるみを用意していたのです。

スポーツの試合で戦う相手は、「敵」ではありません。

病気の子どもたちを支えるためならば喜んで協力し合う、いわば「友」なのです。

幸せのペイ・フォワード

ライバルが力を与えてくれる。

4-5

『V・ファーレン長崎』の活躍

スポーツには地域を活性化させ、人々に希望をもたらす力があります。

サッカーのJリーグに所属する『V・ファーレン長崎』の活躍を知っていますか？同チームは経営陣の放漫経営によって崩壊寸前でした。そこで、2017年に、大手通販会社『ジャパネットたかた』の創業者・髙田明さんが経営に乗り出しました。

当時のチームは、経営陣と現場がお互いに疑心暗鬼に陥っていました。経営陣はなかなか結果を出せない現場を疑い、次々と選手やスタッフを入れ替えました。一方、現場も経営陣に不信感を持っていました。

そこで髙田さんは、練習環境を猛スピードで整えたのです。そして、サッカーの練習や試合運び、スタッフの体制については、監督や選手を信頼し、すべて任せることにしました。その結果が、奇跡のJ1昇格につながったのです。

「プロのサッカーの試合を見せることで、子どもたちに元気を届けたい」

高田さんはインタビューで「V・ファーレン長崎は、長崎県民や子どもたち、チームに関わるすべての人の夢だ」と語っていました。その言葉どおり、2018年、V・ファーレン長崎の観客動員数は、J2時代の3倍近くに増えています。

ちなみに、髙田さんは、シーズン中の選手たちとの飲み会で酔っ払い、「J1に昇格したら全員をハワイに招待する！」とつい言ってしまい、ちゃんとその約束を守ったそうです。チームのやる気がますます高まったことは言うまでもありません。

幸せのペイ・フォワード

スポーツを通じて信頼することを学ぶ。

4-6

子どもたちの夢を描く『かながわ夢絵コンテスト』

神奈川県在住・在学の小学生に、「未来の世界」というテーマで自由に絵やCGを描いてもらう、『かながわ夢絵コンテスト』というイベントがあります。

この催しは１９９７年にスタートしてから、20年以上続き、神奈川県で最大級の小学生の絵画コンクールになっています。２０１８年度には、５６１９点の応募があり、その中から１５５点の絵が表彰されました。

作品には、頭の固くなってしまった大人では考えつかないような発想で、自由で明るい未来が表現されています。たとえば、ある子どもは、雲の上に都市ができ、未来の人類がそこに住んでいる様子を描きました。またある子どもは、学校に巨大なロボットがいて、ロボットと一緒に遊ぶ様子を描きました。

他にも、魚につかまって海で自由に泳ぐ未来や、街の中に果物のなる木がたくさんあり、フルーツが取り放題の絵を描いた子どももいます。


子どもたちの可能性には驚かされることがよくあります。

大人は自分の限界を決めて、「これくらいでいいだろう」と会社でも家庭でも無難な人生を選択しがちですが、子どもたちにそんな思い込みはありません。自分が思い描いた夢に向かってまっしぐらに進み、本当にそれを実現してしまうのです。

子どもたちの想像力は、新しい未来を作り出す原動力であり、それを応援してあげることが、私たち大人の役目なのです。

幸せのペイ・フォワード

子どもたちの自由な発想に学ぼう。

4-7

少年ソフトボールチームを優勝に導いた秘策とは？

社会保険労務士の渡邉昌俊さんは、千葉県勝浦市にある少年ソフトボールチーム『勝浦ドリームズ』の監督になり、わずか6年で、千葉県大会で優勝してしまいました。今まで弱小チームだったのに、どうして県大会で優勝できたのでしょうか？

勝利の秘策の一つは、子どもたちの個性を生かした打順決めでした。
1番バッターは選球眼が良く、フォアボールを狙える子ども。
2番バッターはバントが上手く、進塁させられる子ども。
3番はコンスタントにヒットが打てる子ども。
4番はホームランバッター、長打力のある子ども。

ここまではごく当たり前の決め方でしょう。しかし、ポイントは7番バッターです。渡邉さんは、7番バッターに「くせもの（＝何をやるかわからない人）」を置きました。勝っているときはムードメーカーになり、負けているときは相手チームを引っかき回す役割です。これが相手のピッチャーや守備陣を揺さぶり、勝利に導いたそうです。

社会保険労務士の渡邉さんは、会社における効果的な人材活用方法を、そのまま少年ソフトボールチームに生かしました。その結果、勝浦ドリームズは強豪校になれました。

この事例は、どんな人にも「才能の原石」があり、それを生かすポジションに配置されることで、誰でも大活躍できることを教えてくれます。

幸せのペイ・フォワード

自分の才能を生かせるポジションを探す。

4-8

手紙で「お金持ちになる方法」を聞いた少年

世界的に有名なお金持ちに、「お金持ちになる方法を教えてください」と手紙を書いた少年がいました。しばらくして返事が来ましたが、そこには一言、『ワーク・ハード！（一生懸命働け！）』とだけ書いてありました。少年は、その手紙をお守りのように持ち歩きました。そして、いつしか彼もまた「お金持ち」になっていたのです。

また、19世紀のアメリカのジャーナリスト、エドワード・ボックは、とても貧しかったため、小学校しか行けませんでした。しかし、あるとき、人名辞典を買い、そこに載っている有名人たちに手紙を書いたのです。

すると、多くの人たちが返事をくれ、中には文通をしてくれる人たちまでいました。

その有名人とは、当時のアメリカ大統領や大統領夫人、そして南北戦争で有名なグラント将軍といった人たちでした。その後、エドワードは、このときの経験を生かして、出版界で大成功しています。

一歳の子どもの誕生日を祝うため、毎日一人の有名人に手紙を書き、人生で成功する秘訣を教えてもらった父親の話もあります。その手紙に返事をくれたのは、アメリカのブッシュ大統領やゴルフ界の巨人、アーノルド・パーマーといった人たちでした。

その数々の名言は、『1歳の息子に届いた成功者100人からの手紙』という本にまとめられています。人生で成功するには、ちょっとした勇気ある行動と諦めない精神力が必要なのです。

幸せのペイ・フォワード

「手紙」は最強のコミュニケーションツール。

4-9

ドイツでは高校卒業までに経営者の資格を取る

私は、日本の教育は世界でも群を抜いて素晴らしいと思っています。どんな過疎の村でも児童が一人いれば、校長先生、教頭先生が配置されます。教育にこれほどお金と時間をかける国は、世界の中でも日本だけです。だからこそ、日本は経済大国になれたのです。

しかし、日本の教育も転換すべき時期がやって来ているのかもしれません。

私はもともと中学校の教師で、「不良」の多い地域に赴任しました。頭を金髪に染め、悪いことをする生徒を山ほど見てきました。中学の3年間は、その後の人生を大きく左右します。この時期に、彼らに「将来の夢」をはっきりと見せてあげたいのです。

そのお手本になるのがドイツの『マイスター制度』です。

子どもたちは小学校5、6年生から専門的な勉強をスタートして、中学・高校の間に、国と企業の費用でさまざまな国家資格を取らせてもらえます。

ドイツの子どもには、このマイスター制度を利用し、高校を卒業するときには「経営者」として社会人のスタートを切る子が多くいます。そして、「パン屋さんの店長」「とびきりのソーセージを作る社長」「車修理の名人」など、それぞれの分野で世界一を目指すのです。ドイツは労働時間ベースでは「世界で一番働かない国」なのに、GDP（国内総生産）が世界第4位となっているのは、まさに「経営者を育てる教育＝マイスター制度」のお陰でしょう。

幸せのペイ・フォワード

「やりたい仕事」をできるだけ早く見つけよう。

第5章

人はどこまで「希望」を持てるのか？

5－1

私が「グーフィー」になれなかったワケ

アメリカへ留学していたときのことです。私は休みの日に、本場のディズニーランドへ行きました。すると、難病の子どもたちが開園の1時間前に、特別に入場していました。そこには、子どもたちのはしゃぐ声と笑顔がありました。

私はこれに感動し、帰国してから日本のディズニーランドを運営している株式会社オリエンタルランドに掛け合い、すぐに同様の活動を始めました。『難病の子どもたちをディズニーランドにお連れする会』は、発足して25年以上になります。

この活動を始めたばかりのころ、私は「子どもたちに園内の様子を伝えたい」と、オリエンタルランドにお願いしたのですが、「部外者には教えられません」と断られてしまいました。「どうすれば教えてもらえますか？」と食い下がると、「キャストになったら教えてあげますよ」と言われたのです。

そこで私は、キャストとして採用試験を受けることにしました。すると、「グーフィーの着ぐるみに入る役者」として試験に合格してしまったのです。もともと体育教師だったのと、文科省所管のダンス指導者の認定を受けていたことが役立ちました。

「やった、グーフィーになれる！」と張り切っていたのですが、「グーフィー役は、週5日以上勤務しないとダメ」と言われてしまいました。私は当時、いくつものNPOや社団法人の代表をやっていたので、週に5日もディズニーランドで働くのは無理でした。結局、グーフィーになるのは諦め、土日だけディズニーランドでキャストをすることにしたのです。

幸せのペイ・フォワード

グーフィーにはなれなくてもサンタにはなれる。

5－2

「中谷はディズニーのお菓子を転売して儲けている！」

ディズニーランドのキャストの試験に合格した私は、平日は事業主や経営者として働き、土日はディズニーランドでキャストをする生活を6年間続けました。

お陰で、ディズニーランドのことはプロ級に詳しくなりましたが、もう一つ嬉しかったことがあります。それは、ディズニーランドにはキャスト専用の売店があり、園内で売られているグッズやお菓子が格安で手に入ることです。

私は難病の子どもたちのために、毎週ディズニーランドで働いて得た給料を全額使い、キャスト専用の売店で大量にお菓子を買っていました。

ところが、その姿を見ていたキャストたちの間で、「中谷はディズニーグッズを転売して儲けている！」という黒い噂が立ってしまいました。実際、インターネットのオークションサイトやフリーマーケットアプリでは、ディズニー関連のグッズやお菓子が大量に出品され、正規の価格の何倍もの値段で売られていました。

中には、このような転売を職業にしている人もいるそうです。しかし、我が道を突き進んでいた私は、そんな噂を全く気にしませんでした。自分がキャストをして稼いだお金で堂々とお菓子を買い、6年間、子どもたちに届けたのです。

難病の子どもたちには他で買ったお菓子も持って行ったのですが、ディズニーのお菓子のほうが何倍も喜んでくれました。まさに、ディズニーランドの魔法は園内だけでなく、外の世界にまで及んでいるのでしょう。

幸せのペイ・フォワード

正しいことを行うときに人の噂は気にしない。

5-3

ティンカー・ベルの魔法の粉

ディズニーランドに行ったことがある人は全員、魔法をかけられています。

ディズニーランドに入るときは、入場ゲートの読み取り機にチケットの「バーコード」をスキャンさせなければなりません。そのとき、「シャララン……」という鈴のような音がします。これは、ディズニー映画『ピーター・パン』に登場する妖精「ティンカー・ベル」が、入場した人に金色に光る魔法の粉を振りかけた音なのです。

「ここから先は『夢と魔法の王国』です。どうぞ心から楽しんでください！」

というメッセージなのです。


ところが、ディズニーランドから帰るとき、つまり出口ゲートでは、この音は鳴りません。これは、「あなたにかけられた幸せな魔法がずっと解けませんように」という願いから、わざと音を鳴らさないようにしているのです。

音は単なる「おまじない」かもしれません。しかし、人を幸せにしたい気持ちは本当のことです。ディズニーランドのキャストたちがゲストの幸せを考え、さまざまな工夫を重ねていく努力は、「魔法」と言ってもいいかもしれません。

同じことは現実社会でもできます。相手のことを、ほんの少し思いやれば、誰でも「幸せの魔法」をかけることができるでしょう。

そして、ティンカー・ベルの魔法の粉のように、一度かけられた魔法は、ずっと解けることはないのです。

幸せのペイ・フォワード

「幸せになる魔法」は一度かかれば、ずっと解けない。

5－4

なぜ、ダメ営業マンが全米1位になれたのか？

すべての物事は、自分の「心の持ち方」次第でガラリと変わります。

私がアメリカで、フルセット100万円する百科事典のセールスマンをしていたときのことです。私は内心、自分でも「高いなあ」と思いながら営業をしていました。するとお客さまにもその気持ちが伝わり、いつも「これは高いな！」と言われ、全く売れなかったのです。

しかし、あるときから私は考え方を改めました。百科事典は一生使うことができますし、知識をマスターできれば、その価値ははかり知れません。だから「この百科事典には素晴らしい価値がある。それこそ1000万円、いや1億円以上だ！」と思うようにしたのです。

また、私がアメリカで売っていた百科事典は「英語版」でした。そもそも英語を母国語とする生粋のアメリカ人に日本人の私が売ることは、言葉の壁があって困難でした。

そこで、「アメリカ在住の日本人」にターゲットをしぼり、「みなさんの子どもたちが英語をマスターするために、役立ててください」と言って営業したのです。

すると、最初の一人が買ってくださり、そこから紹介の輪がどんどん広がって、最終的には百科事典のセールスで全米1位の成績を取ることができました。

つまり、百科事典は商品として、もともと素晴らしいものだったわけです。しかし、それを売るセールスマンが本心からそう思っているかどうかが商品の売り上げを左右していたのです。まさに、すべての物事は「自分の心」が決めているのです。

幸せのペイ・フォワード

「安い」と思えば安くなり、「高い」と思えば高くなる。

5-5

トラックの荷台に「希望」を乗せて

1995年1月17日5時46分52秒、『阪神・淡路大震災』が発生したとき、私は、神戸市内のホテルにいました。絶対安全と言われていた高速道路が横倒しになった光景は衝撃的でした。ガレキの山ができ、自動車やオートバイ、電車やバスは完全にストップ。市民は通勤・通学、店舗の復旧に「移動手段」を必要としていました。

そこで私は、自転車を広島県で調達し、毎週20台ずつ、トラックで神戸に運び続けたのです。その支援活動を半年間休みなく続けました。

2011年3月11日14時46分18秒、『東日本大震災』が発生したとき、私は新宿のビルにいました。ビルに備えつけられた大型スクリーンで見た津波の中継は、今でも忘れることはできません。

このときも、すぐに宮城県、岩手県、福島県の友人に電話し、必要なものを聞き取りました。一番のニーズは「寒さ対策」でした。震災が発生した3日後、私はトラックを借りて、用意した大量の毛布と防寒着を配りました。

この2つの大災害を経験し、「緊急時、もっと自分にできることはないか？」と自問自答した結果、私は日本赤十字社の赤十字救急法救急員の資格を取得しました。そして、今後は「防災士」の資格取得を目指しています。これは日本防災士機構が認定する資格で、心肺蘇生法とAEDの講習を受け、試験に合格する必要があります。

私たちはけっして、2度の大震災の悲劇を忘れてはならないと思います。

幸せのペイ・フォワード

災害の「教訓」を忘れてはいけない。

5－6

暴走族が震災を機にボランティアを始めた

阪神・淡路大震災が起きたとき、民間によるボランティアが活躍しました。

東日本大震災では、当初からボランティアが、組織的に活発に動きました。

そんなボランティア関連のニュースの中に、こんなものがありました。

東日本大震災の発生からまもない2011年4月に、茨城県大洗町を拠点とする暴走族『全日本狂走連盟愚連隊・大洗連合ミスティー』の少年たちが、被災をきっかけに暴走族を解散し、ボランティアチームになると宣言したのです。

彼らは、地元の警察に暴走族として使っていた旗を提出し、解散式を行いました。その場でリーダーが「これまで地域の人に多大な危険と迷惑を掛けた。これからは同じ境遇の少年たちも巻き込んでボランティアとして頑張りたい」と誓ったのです。

彼らの心を動かしたのは、避難所で生活することになったときに触れた、被災した市民やボランティアの人たちの優しさだったのでしょう。

暴走族を解散した彼らは、「これまで散々迷惑を掛けてきたのに、受け入れてもらえるだろうか……」と不安だったようです。

しかし、このニュースが報道されると、全国から多くの応援の声が届きました。

ある高齢の女性からは、メンバー全員にお守りと励ましの手紙が届いたそうです。

他にも、お金を送る人、作業用のTシャツ、軍手、靴下を届けた人もいたそうです。

災害は、いつまた私たちを襲うかわかりません。そのとき、人を救うのは、人の心の温かさであることを忘れてはいけません。

幸せのペイ・フォワード

人はいつでも誰でも、生まれ変われる。

5-7

子どもたちの歌声『しあわせ運べるように』

1995年の阪神・淡路大震災をきっかけに生まれ、たくさんの被災地の方たちの心を支えた『しあわせ運べるように』という歌をご存知でしょうか？　この歌は、小学校の音楽教師である臼井真先生が作りました。臼井先生も家が全壊し、歌詞には神戸の復興に対する祈り、被災した子どもたちへの思いが込められています。

最初に歌が発表されたのは、阪神・淡路大震災が発生してから1ヶ月後、避難所になっていた小学校の校庭でした。200人の子どもたち、避難していた地域住民、ボランティアの方たちが合唱し、みんなの目には大粒の涙が浮かんだそうです。

この歌は、「復興のシンボル曲」として、日本中にどんどん広まっていきました。

２００４年、新潟県中越地震のとき、現地の小千谷市《おぢや》では、歌詞に出てくる「神戸」の部分を「小千谷」に変えたバージョンが歌われました。東日本大震災でも歌われ、歌詞と曲の入ったＣＤブックの印税は、全額、復興のために寄付されました。

同じく２００４年、大震災が発生したイランでペルシャ語バージョンが生まれました。今では世界10ヶ国以上の言葉に翻訳され、震災があるたびに歌われるようになりました。

私は、この歌は被災した学校の子どもたちが歌うことに価値があると思います。子どもは希望の象徴だからこそ、子どもたちの歌声を聴く被災地の方たちは涙の中から復興に向かう勇気が持てるのです。

たった一つの歌には力があります。歌で人を救うこともできるのです。

幸せのペイ・フォワード

歌うだけでも誰かを勇気づけられる。

5-8

素敵な「チアガール」があなたを応援します！

日本では自分さえ良ければいい人、自分のことしか考えない人が、若者を中心に多くなったような気がします。その結果、他人に無関心で、困っている人がいても見て見ぬ振りをする風潮が、日本中にどんどん広まってしまいました。

つまり、日本には「人を応援するマインド」が、とても少なくなったのです。

そこで私は、人が人を応援するための「応援力」を日本中に広めたいと思いました。

そして、２０１８年、一般社団法人『全日本応援協会』の理事に就任しました（現在の代表理事は朝妻久美さんです）。

もともとこの活動は、２００９年に『全日本女子チア部☆ＡＪＯ』がスタートしたことによります。このチア部は、現在も次のような活動を続けています。

【応援プロデュース】……応援を創る。
【出張応援】…………応援を届ける。
【イベントセミナー】……応援を伝える。
【応援メディア政策】……応援を広める。
【応援学研究】…………応援を深める。

たとえば、応援を届ける「朝チア」は、20～30代の女性たちが、チアリーダーの服装で、毎週水曜日に新宿・新橋・池袋の駅前で、通勤途中のサラリーマンやＯＬを「勝手に」応援しています。また、北海道庁からお呼びが掛かったり、プロバスケットボールチームの応援までするようになりました。

現在は、２０２０年の東京オリンピック・パラリンピックの応援を中心に、とても盛り上がっています。

「応援」は、応援される方も応援する方も元気になる、素晴らしい活動です。

そして、応援された方は、普段の何倍もの力を発揮することができます。

甲子園で起きた数々の奇跡の逆転劇を思い出してみてください。あれは、間違いなく応援の力です。

『全日本女子チア部☆ＡＪＯ』はすべての応援してほしい人のために、依頼をいただければ日本全国どこにでも飛んで行きます。あなたの忘年会・新年会・誕生日会・企業パーティーなどにも、ぜひ呼んでください。

（全日本応援協会　https://ajoen.jp/）

幸せのペイ・フォワード

応援されると実力以上の力を発揮できる。

5-9

タイガーマスクと『いのちのランドセル運動』

今から20年以上も前の話になりますが、私はフィリピンの小学生に、日本で6年間使われたランドセルを寄付する運動を行っていました。

メイド・イン・ジャパンのランドセルはとても丈夫にできていて、日本でその用途が終わっても、海外ではまだまだ十分使えたからです。

あるとき、フィリピンで大洪水が起こり、川に流されてしまった小学6年生の子どもが、たまたま背負っていたランドセルが浮き輪代わりになって、命が助かったという事件が起きました。これがニュースに取り上げられ、いつしか私の活動は『いのちのランドセル運動』と命名され、日本中に知られていったのです（この活動は、私が理事長を務める『ＮＰＯ法人・国際コンサルティング協会』が母体でした）。

その後も、初代タイガーマスクの佐山サトルさんと知り合ったことをきっかけに、私は『タイガーマスク運動・ランドセル基金』を立ち上げ、ランドセルを寄付する活動を続け、２０１９年で19年目になります。


２０１０年、ランドセルを寄付する活動が脚光を浴びました。

群馬県前橋市の児童養護施設に、ランドセルが10個届いた事件です。

プロレス漫画『タイガーマスク』の主人公「伊達直人」（彼は孤児院で育った）の名で贈られたことから、『タイガーマスク運動』と名づけられました。


このニュースに触発され、日本全国で児童養護施設に対する寄付が盛んに行われました。それぞれの方が、それぞれできる形で子どもたちの力になりたいと願い、行動されたのです。

贈られたものとしては、「お金」「新鮮な魚」「手袋」「医薬品」「自転車」「図書カード」などです。児童養護施設に必要なものを問い合わせ、リクエストされた品物を送った方もおられたそうです。そんな「思いやりの輪」は尊いものであり、ランドセルの寄付活動を始めた私としても本当に嬉しく思います。

私は『いのちのランドセル運動』を通じ、これまでにメーカーやたくさんの協力者に恵まれ、お陰様で10万個の中古のランドセルと、１０００個の新品のランドセルを海外と日本の恵まれない子どもに届けることができました。このランドセルが少しでも子どもたちの学びの支えとなり、希望を運ぶ道具になってほしいと願っています。

子どもたちが背負うランドセルには、大きな夢がいっぱい詰まっています。

幸せのペイ・フォワード

大きな希望を背負って生きる。

5-10

若手起業家には「学びの場」が必要

２００４年、私は若手起業家のために『志魂塾』を発起人３人と立ち上げ、２０１１年には、いじめや不登校で悩む小学生から高校生を対象とした親子でビジネスを学べる学校『国際ビジネス大学校』を開校しました。

これらの学びの場を作ったのは「日本から世界へ羽ばたく若者を育てたい」からです。ビジネスを通じて日本から世界へ、愛と希望と勇気を届けてほしいのです。そのために、ビジネスアイデアを事業化する方法を教えてきました。

ビジネスアイデアを事業化する工夫を学ぶ上で、野菜宅配サービスの「Oisix（オイシックス）」はとても参考になるでしょう。同社は、サツマイモであれば、「生キャラメルいも」というように、商品すべてに愛称をつけています。

Oisixの野菜や果物はスーパーの倍くらいの価格ですが、大変な人気です。味は食べた人が感激するくらい良いものですが、それでも普通は値段が安いほうが買われます。しかし、身体にいいもの、おいしいものを取り扱い、さらに「愛称」をつけることで、お客さまのニーズを引き出し、ハートをつかんだのです。

その結果、現在、Oisixの年商は６４０億円にもなります。

また、私は塾や大学校の受講生の起業を後押ししています。営業ノウハウを教えたり、取引先を紹介したり、弁護士や税理士といった専門家も紹介します。

これは、一般の大学で大学教授がやっていることと同じです。教授が、研究室やゼミで教えた学生の就職を応援するように、私も志魂塾や国際ビジネス大学校の受講生に世界で活躍してほしいのです。

幸せのペイ・フォワード

夢のある起業家を支援する。

5-11

「手品」と「資産運用」を教える学校

私が2011年に『国際ビジネス大学校』を立ち上げてから、8年が経ちました。

ここで行うセミナーは全国各地で開催され、「年金」「保険」「税制」「資産運用」「住宅ローン」など、「学校では学べないことを学べる場所」として好評です。

今でこそ「大人のための学びの場」という印象が強くなった大学校ですが、最初は「学校に行けない子どもたちのための補習教室」でした。

現在、日本には不登校の小中学生が4年連続で13万人以上います。彼らの多くは、決して学力は低くありません。しかし、残念なことに、頭は良いけれど目標を見失っており、それが高い自殺率につながっているというデータがあります。

私は中学校の教師のとき、いじめにあった子どもたちが不登校になり、やがて引きこもりになっていくケースを嫌というほど見てきました。

この問題の解決の第一歩として考えたのが、「不登校の子どもたちが生きていくために必要な能力を無料で身につけられる学校を作ること」でした。それが国際ビジネス大学校だったのです（現在も、小学生・中学生・高校生の参加費は完全無料です）。

不登校の子どもたちの多くは塾に通っていますから、勉強のサポートはいりません。必要なのは「他人とのコミュニケーション能力」なのです。

そこで、大学校では、子どもたちに「手品」を教えました。

親に一緒に参加してもらい、親子で手品を覚えてもらうのです。子どもたちは器用ですから、たいてい、お父さんやお母さんよりも早く手品を覚えます。

この「手品」ができるようになると、どうしても誰かに見せたくなります。そして手品を見せることがきっかけとなり、友だちとのコミュニケーションがうまくいくようになるのです。手品を覚え、学校に行けるようになった子どもたちは大勢います。

ちなみに、教えていた手品はいずれも大人顔負けの本格的な内容でした。現在テレビなどで活躍しているマジシャンのセロさんに憧れて大学校で手品を覚え、その後、プロのマジシャンになった子も３人います。

国際ビジネス大学校では手品以外にも、さまざまなことを教えてきました。

たとえば、「和菓子作り」です。「みんなで集まってお菓子を作る」という体験を通じて、コミュニケーション能力を身につけ、将来の職業選択につなげてほしいと考えてのことでした。

現在の国際ビジネス大学校は子どもたちより社会人が増えていますが、これからも創立の理念を忘れずに「楽しく、社会で生かせる教育」を貫いていくつもりです。

幸せのペイ・フォワード

幸せを一瞬で生み出すマジックを覚えよう。

5-12

東京ドーム9個分、日本最大級のペットの保護施設

現在、私は、「社会起業家（ビジネス活動を通じてさまざまな社会問題を解決しようとする起業家）」の育成に力を入れています。そんな法人の一つに、一般財団法人『ペットの里』があります。

ペットの里は、もともと日本初の飲食系宅配サービスのネット注文を可能にした『出前館』の創業者・花蜜幸伸さんが、殺処分されるペットに心を痛めてつくったペットの保護施設です。現在はその志を継ぎ、田中亜弓さんが代表を務めておられます。

岩手県滝沢市につくられたこの施設は、東京ドーム9個分（およそ12万坪）の広さを持ち、動物保護区としては世界最大級です。そこに捨てられたり、飼い主が飼えなくなった犬・猫が、約100匹保護されています。

この施設に引き取られた病気のペットは、しっかりと獣医さんに治してもらうことができます。また、足腰の弱ったペットも、歩けるようにリハビリ・サポートをしてもらえます。

ペットの里は、「4つの挑戦」を掲げています。

1．ペットの殺処分をゼロにすること。
2．高齢者の生きがいに貢献すること。
3．心豊かな子どもたちの育成に貢献すること。
4．社会的弱者の雇用拡大に貢献すること。

ペットを高齢者の生きがい作りや子どもたちの情操教育に役立て、さらに「ペットの世話」という仕事を作り出すことで、高齢者や障がいを持つ方、シングルマザー、震災や原発事故で被災された方たちの雇用を生み出そうという構想です。

同施設の運営費は多くの方の寄付と、同施設が取り入れている「里人制度」に支えられています。月会費1000円の「里人」になることで、将来、自分がペットを飼えなくなったときに、大切なペットを同施設に預かってもらえるというシステムです。

この制度を利用することで、自分が先に亡くなるかもという不安を持つ高齢者も、安心してペットを飼うことが可能になります。

今、日本では毎年5万匹近くのペットが捨てられ、保健所に送られ、その命を奪われています。しかし、人間の身勝手な都合で、小さな命を奪ってよいものでしょうか？

すべてのペットの命を救うことはできませんが、一匹でも多くのペットが幸せに生きられるよう、この運動がどんどん大きくなってほしいと私は願っています。

（一般財団法人ペットの里　http://pets-sato.net/about.html）

幸せのペイ・フォワード

ペットの命は最期まで責任を取る。

5－13

世界共通の「乾杯」のかけ声は？

日本では、みんなでお酒を飲むときに「カンパイ！」と言って、グラスとグラスを当てます。同じように中国では「カンペイ！」、アメリカでは「チアーズ！」、ドイツでは「プロースト！」、ロシアでは「ザ・ワーレ・ズダローヴィエ！」、ケニアでは「ニニュオ！」と、国によってそれぞれ乾杯の言葉は違います。

私は、世界中の人たちが共通で使える「乾杯の言葉」があったらいいなと考えました。そして、仲間といろいろ議論して出てきたのが、世界中の人が発声できる、新しい乾杯の音頭「ｐｅａｃｅ！（ピース＝平和）」です。

私が顧問を務める一般財団法人『ピース乾杯プロジェクト』では、毎月2がつく日を「ピースデー」とし、2日、12日、22日は「ｐｅａｃｅ！」のかけ声とともに乾杯することを、推進しています。酒造メーカーや飲食店にも協力していただき、ピース乾杯マークの入ったドリンクを1杯飲むと自動的に2円が寄付され、そのお金が国連で定められた『ＳＤＧｓ（持続可能な開発目標）』に貢献する非営利団体に授与されるしくみもあります（『ＳＤＧｓ』とは、２０１５年9月の国連サミットで採択された、２０３０年までの国際開発目標のこと）。

さらに、世界平和を志す平和人を「ピースメン」と命名し、「ピースデー」を「ノー残業デー」にして、仲間や家族と「ｐｅａｃｅ！」で乾杯することを提唱しています。

この運動は、全国展開のお酒の問屋『カクヤス』さんにも協力していただいています。これから、「ｐｅａｃｅ！」の掛け声は世界に広まっていくかもしれませんね。

幸せのペイ・フォワード

世界は「ｐｅａｃｅ！」の合い言葉で一つになる。

第6章

幸せを呼ぶ「世界の名言」

6 - 1

「目には目を、歯には歯を」

この言葉はもともと、古代の刑法で使われていたもので、「同害復讐法」「タリオ法」と呼ばれるものでした。教科書で習った古代メソポタミア文明の「ハムラビ法典」に出てきたことを覚えている方もいらっしゃるのではないでしょうか？

そして、聖書にも何度も出てきます。預言者モーセが神から授かった律法には、「目には目、歯には歯、手には手、足には足、やけどにはやけど、傷には傷、打撲には打撲を与えなければならない」と書かれていました。

しかし、この言葉は、「やられたら、やり返せ！」とか、テレビドラマのように「倍返しだ！」という意味ではなかったのです。

もし、相手にやられたこと以上の報復をしたとします。すると、相手やその関係者は当然、不公平に思い、さらに報復することになるでしょう。つまり、どんどん争いが拡大してしまうのです。ですから、「目（歯）を奪ったなら、同じ目（歯）で償いなさい」という法律が定められました。いわば、不毛な報復合戦をおさめるための古代の知恵だったのです。

キリストはこの言葉を引用しつつ、さらに愛に満ちた教えを聖書に残しています。「あなたたちは、こう命じられたのを知っています。『目には目、歯には歯』。しかし私は言います。悪人と争ってはなりません。右の頬を手打ちする人には、もう一方の頬を向けなさい」

争いを終わらせ、さらには相手を改心させる究極の言葉だと思います。

幸せのペイ・フォワード

報復すると争いは永遠に終わらない。

6-2

「犬にパン、豚に真珠」

「豚に真珠」は、よく聞く言い回しですが、実は、聖書の中に出てくる言葉です（マタイ福音書7：6）。

「聖なるものを犬に与えてはなりません。真珠を豚の前に投げてもなりません。豚がそれを踏みつけ、向き直ってあなたたちに襲い掛かることのないためです」

ここでいう「聖なるもの」とは、神への捧げ物（たとえばパンなど）で、これを犬にあげてはダメですよ、ということです。神への捧げ物は、当時は儀式の一環として、神に仕える人たちがいただくことになっていました。

この言葉に出てくる「豚」というのは、おとなしい家畜の豚ではなく、気性の荒い

「野生の豚（＝野豚）」のことです。そのような豚の前に真珠を投げると、最初は豆だと思って食べますが、だまされたと気づくと襲い掛かってくるということです。

真珠は「貴重な助言」、豚は「その助言の価値がわからない人」のたとえです。せっかくの貴重な意見も、それを聞く耳を持たない人に与えたら、ムダになってしまいます。「豚に真珠」「猫に小判」「馬の耳に念仏」「犬に論語」など、価値あるものを生かせない人間にならないようにと戒《いまし》める言葉はたくさんあります。

「自分は周りの人の貴重な言葉を聞き流したり、痛いところを突かれて怒ったりしていないだろうか……」。私たちは常に、ごう慢な態度をとったり、独善的な考え方をしていないか、自分自身を省《かえり》みる必要があります。

幸せのペイ・フォワード

貴重な助言を無駄にしない。

6-3

「学ぶことの少ない人は牛のように老いる」

ブッダとは、仏教の開祖である「お釈迦さま」のことです。そのブッダが残した言葉で、この後、「彼の肉は増えるが、彼の知恵は増えない」と続きます。

ブッダが生まれたインドでは、「牛」は神聖な生きものでした。今でも、自由気ままに街中を歩き回り、道の真ん中でのんびり寝そべったりしています。

「学ぶことが少ない人」とは、向上心がない人のことです。そして、牛の肉はいくら増えても食べられません。つまり、「牛のように老いる（=肉が増える）」とは、役に立たないもののたとえなのです。

ブッダが言いたいのは、人が生きていく上では多くのことを学ばなければならず、そうでなければ良い生き方はできないということです。

ここで言う「学び」とは、学校の勉強だけではありません。たくさんの人と触れ合って話を聞いたり、さまざまな体験をすることも生きた「学び」になります。

私の人生のモットーは、「チャレンジすること」です。自分の頭の中で考えているばかりでは、何も変わりません。自分の知らない世界に、勇気を持って飛び込んでみることが、人生を切り開くカギだと思います。

家の中に閉じこもってゲームをしたり、スマホをいじっているだけでは、本当の学びは得られません。これからの日本を担う若い世代の人たちには、ぜひ、世界に飛び出して行ってほしいと願っています。

幸せのペイ・フォワード

学ぶことはチャレンジすること。

6-4

「愚かな人は常に名誉と利益とに苦しむ」

「組織の中で出世したい、自分だけ得したい、とにかくお金を儲けたい……」

いつもそんなことばかり考える生き方は、幸せなものではありません。ブッダは、欲望が人を苦しめると、何千年も前に見抜いていました。この後、「上席を得たい、権利を得たい、利益を得たいと、常にこの欲のために苦しむ」と続きます。

同じことを、日本を代表する随筆の『徒然草《つれづれぐさ》』に兼好《けんこう》法師も書いています。

「名利に使はれて、閑かなる暇なく、一生を苦しむるこそ、愚かなれ」

名誉や利益に翻弄され、心静かに暮らす余裕もなく、一生苦しむのは愚かなことだと説いています。

会社での出世を追い求め、残業ばかりしていれば、気がつけば家族はバラバラになってしまうでしょう。他人を押しのけてでも、お金が欲しいと利益を追い求めていたら、いつの間にか周囲に信頼できる人は一人もいなくなってしまうでしょう。

私も、名誉欲や金銭欲、独占欲こそが、人を苦しめる根源だと思います。

明治維新を成し遂げた薩摩藩の西郷隆盛は、「命もいらず、名もいらず、官位も金もいらぬ人は始末に困るものなり。此の始末に困る人ならでは、艱難を共にして国家の大業はなし得られぬなり」という言葉を残しています。

彼の言葉を借りれば、ブッダや兼好法師の言う「名誉や利益を追い求める人」の正反対の人こそが、世の中を良くし、何事かを成し遂げられる人なのかもしれません。

幸せのペイ・フォワード

名誉や利益よりも大切なものがある。

6－5

「家に帰って家族を大切にしてあげてください」

この言葉は、1997年に亡くなった、マザー・テレサが遺した言葉です。

彼女はインドのコルカタという街で、病気や貧しさに苦しむ人のために、その生涯を捧げました。彼女の生き方は私の模範です。

マザー・テレサは、一般に「修道女（シスター）」についてイメージされるような、か弱い人ではありません。それどころか、貧困や病気に苦しむ人のために先頭に立って戦うリーダーでした。晩年の彼女は、『神の愛の宣教者会』というキリスト教組織のトップとして、スタッフ4000人と100万人以上のボランティア、そして何十億円もの資金を持ち、5大陸134ヶ国で活動する世界的組織を率いていたのです。

彼女は、私たち一人ひとりが世の中のためにできることをすれば、世界はより良いものになることを伝え続けました。たとえば、1979年にノーベル平和賞を受賞したときにも、「世界平和のために私たちはどんなことをしたらいいですか?」と質問され、彼女は「家に帰って家族を大切にしてあげてください」と答えました。

彼女の言葉どおり、世の中を良くしていくのは、スーパーヒーローや、一部の選ばれた人たちではありません。小さな力しか持たない人間が、自分たちの身の回りのことを、少しだけ良くしていこうと、できる範囲で努力をすることなのです。

それがコツコツと積み重なっていった先に、気がつけば「世界が平和」になっているのです。

幸せのペイ・フォワード

最初に、家族を愛そう。

6-6

「みんなが日なたに行くべきである」

『パパラギ』とは、今から30年以上前に翻訳され、100万部以上売れたベストセラーです。原書は1920年に、オセアニアの西サモア（現在のサモア独立国）に住んでいたツイアビという部族長の話をまとめて出版されたと言われています。

「パパラギ」とは、サモアの言葉で「白人」という意味です。

この本の中では、西洋人が持ち込んだ文明や価値観が厳しく批判されています。

たとえば、お金を「丸い金属と重たい紙の悪魔」と呼び、その魔力から身を守らなければならないと書かれています。お金を稼ぐことばかり考えているパパラギは、隣の人が苦しんでいても何一つ手を差し伸べようとはしない。そんな冷たい心になってしまうのは、お金の魔力に魅入られているからだと警告しています。

また、パパラギがいつも時間に追われていることを、とても愚かなことだと指摘します。サモアの人々は、日々の時間を家族や友人たちと、ゆっくり楽しむことが人生の醍醐味だと知っているのです。

サモアでは、自分のものを分け与える度量に敬意が払われるのに対し、パパラギの世界ではたくさん持っている財産に対して敬意が払われることも指摘しています。

サモアの人たちは常に自然の恵みを分かち合い、それを独り占めすることはありません。パパラギの世界で生じる「豊かな人と貧しい人の争い」は起きないのです。

お金や時間を分かち合い、子どもは地域のみんなで助け合って育てるという南国的な考え方こそ、今の日本に必要な価値観ではないでしょうか。

幸せのペイ・フォワード

分かち合うことで真の豊かさが生まれる。

6－7

「いちばん大切なことは目には見えないんだよ」

この言葉は、フランスの小説家サン・テグジュペリが書いた童話『星の王子さま』に出てくる言葉です。ストーリーは、飛行機で砂漠に不時着した主人公が、遠い星からやって来た「星の王子さま」にいろいろな星の話を聞くというものです。王子さまはあるとき、出会ったキツネに、「ものごとはね、心で見なくてはよく見えない。いちばん大切なことは目に見えないんだよ」と言われます。

王子さまは、自分の星で大切に世話をしていたバラがあまりにもワガママで、どうしてよいのかわからず、置き去りにしてしまったのです。本当はバラと王子さまの間には信頼や愛情、心の中に秘めた感謝や、ともに過ごした日々の思い出といった大切なものがありました。しかし、それらは目で見ることができなかったのです。

王子さまは、「目には見えない」ものを、心の目で見ることをしなかったばかりに、大切なバラと離れ離れになってしまったことを知り、後悔しました。

現代社会で生きている私たちも、本当に大切なものを見失ってはいないでしょうか？　仕事の業績やノルマ、契約件数、プロジェクトの成功、会社の規模拡大、そういった目に見えるものだけを追いかけるとき、私たちの人生はどんどん空虚なものになってしまいます。

本当に大切なことは、人とのつながりや愛情、お互いに助け合い、感謝し合うことではないでしょうか。

幸せのペイ・フォワード

心の目を開くと大切なものが見えてくる。

6-8

「あなたの心が正しいと思うことをしなさい」

この言葉は、アメリカ第32代大統領であり、「ニューディール政策」で有名なフランクリン・ルーズベルトの妻、エレノア・ルーズベルトのものです。彼女は夫を助け、さまざまな進歩的政策を実現させました。

また彼女は、第二次世界大戦後に発足した国際連合の、『世界人権宣言』を起草した人物でもあります。そこには、「すべての人間は、生れながらにして自由であり、かつ、尊厳と権利とについて平等である」という基本的人権や、「すべて人は、人種、皮膚の色、性、言語、宗教……これに類するいかなる事由による差別をも受けることなく（略）」という、あらゆる差別を否定する内容が明記されました。

さらに彼女は、女性の地位向上のためにも大きな貢献をしています。今日のアメリカで、人種や性別による教育機会や雇用機会の差別がないのは、まさに彼女のお陰と言えるでしょう。

彼女が生きたのは、黒人やアジア人、女性は差別されて当然という時代でした。だから存命中、彼女は大変な非難を浴び続けたのです。それでも、彼女は冒頭の言葉を信念として、自分の良心が正しいと命じることをやり続けました。

私もボランティア活動を続ける中で、もっと他にやるべきことがあるのではないかという批判を受けたことがあります。その一方で、ディズニーランドを訪れた子どもたちの喜びや、ランドセルを受け取ったときに芽生える希望は本物です。その喜びや希望は、子どもたちの未来を明るく照らす光になってくれているのです。

幸せのペイ・フォワード

他人に批判されても、自分のやるべき道を見失わない。

6-9

「万事、見にゃわからん」

このセリフは、累計2500万部という超ベストセラー小説、司馬遼太郎の『竜馬がゆく』の主人公、坂本龍馬のものです。この小説には数々の名言が登場しますが、その中でも屈指の名言だと私は思っています。

意味自体は、古くからあることわざ、「百聞は一見にしかず」に近いでしょう。しかし、この言葉が名言なのは、龍馬がその精神で生き抜いたからです。

龍馬は、日本に来航したペリーの黒船を浦賀まで見に行きました。さらに後年、開国派の幕臣だった勝海舟や、攘夷派の長州藩の志士、そして薩摩藩の人々にも会いに行きます。幕末の志士と呼ばれる人たちが仲間内で議論を交わすばかりで、現場に出向かなかった中で、彼は常に自分の目と耳で事実を確かめに行きました。

そんな彼だから、幕末の重要人物たちとの信頼関係を築くことができたのでしょう。敵同士としていがみ合っていた長州藩と薩摩藩を結びつけた龍馬の存在無くして、明治維新は実現しなかったと私は思います。

今、日本全国には、50万人を超える若者が家に引きこもっていると言われています。彼らはスマホで、世の中のことを十分理解していると考えているかもしれません。しかし、彼らにぜひ、龍馬の「万事、見にゃわからん」という言葉を送りたいと思います。実際に自分の目で見て、経験したことの先にこそ、「日本の夜明け」ならぬ、若者たち一人ひとりの夜明け（＝未来）がやってくるのです。

幸せのペイ・フォワード

世の中を動かす人になる。

6-10

「クルマ屋の俺が大渋滞を起こしちゃあ申し訳ない」

本田宗一郎さんは、一代で自動車メーカー『世界のホンダ』を作り上げた人物です。彼が父親に教えられた一番大切なことは「人に迷惑を掛けてはいけない」でした。本田さんは生涯、親の教えを守り抜きました。

死の直前、遺言で、「お葬式はするな」と言い残していました。その理由は、葬儀会場の近くで交通渋滞を起こして周囲に迷惑を掛けてはいけないと考えたからです。

「クルマ屋の俺が葬式を出して、大渋滞を起こしちゃあ申し訳ない」

と常々周りに言っておられたそうです。そして、「素晴らしい人生を送ることができたのも、お客さま、お取引先の皆さん、社会の皆さん、そして従業員の皆さんのおかげである。おれが死んだら世界中の新聞に『ありがとうございました』という感謝の気持ちを掲載してほしい」と周囲に話されていたそうです（ホンダのWebサイトより）。

そんな本田さんの願いを受け、残された社員は「お葬式」ではなく、「お礼の会」を社内で開きました。渋滞を起こさないように日程を3日間も確保し、時間も朝9時から夕方5時までとし、特定の時間に人が集中しないよう気を配りました。

社長を辞めてからすでに20年も経っていたにもかかわらず、お礼の会には3日間で6万2000人もの弔問客が訪れました。

お別れに駆けつける人がたくさんいる人ほど、幸せで充実した人生を送った人です。

「人の価値は死んでからわかる」とよく言われますが、本田さんの死はそれをわかりやすく教えてくれます。まさに、人生の師として見習いたい生き方です。

幸せのペイ・フォワード

大勢の人に見送ってもらえるように生きる。

6 - 11

「私の代わりに死んでくれる人はいない」

21世紀で世界に最大のインパクトを与えた発明は、iPhoneではないでしょうか？スマートフォンは世界中の人の生活や文化を変えました。

このiPhoneの生みの親であり、アップル創業者のスティーブ・ジョブズは、iPhoneの開発中、すでにガンに侵されていました。それでも、彼は新商品を世に送り出すために自分の命を燃やし、その誕生を見届けて、亡くなったのです。

彼が、2005年にスタンフォード大学の卒業式で行ったスピーチがあります。

「私は毎朝、自分の顔を鏡に映し、『もし、今日が人生で最後の日だとしても、今からやろうとしていることをするだろうか』と問いかけます。そして、もし『違う』という答えが何日も続くようなら、生き方を見直すのです」

このスピーチは、ちょうどiPhoneを開発しようとしていた時期に重なります。

おそらく彼は、残り少ない命を新商品にかけることを心に決めていたのです。

数千億円の資産を築いたジョブズは晩年、次のように嘆いたと言われています。

「どれほど大きな財産があっても、自分の代わりに病気になってくれたり、死んでくれる人は見つけられない」

彼の言葉どおり、「健康」や人生の「時間」は、どんな大富豪でもコントロールできない貴重な財産です。そして、それは一度失われたら二度と取り戻せません。だからこそ、私たちは健康を大切にし、時間の使い方を真剣に考える必要があるのです。

幸せのペイ・フォワード

命をかけられることだけに時間を使う。

6-12

「ペンは世界で最も強力な武器」

この言葉は、２０１３年7月12日、ニューヨークの国連本部でマララ・ユサフザイさんが行ったスピーチです。彼女は15歳のとき、女性が教育を受ける権利を訴えたことで、イスラム武装勢力『タリバン』に銃撃を受けました。一時は命が危ぶまれましたが、奇跡的に回復した彼女は、子どもたちへの教育と女性の地位向上の重要性を訴え続けたのです。そして、２０１４年には、ノーベル平和賞を受賞しました。

彼女はスピーチの中で、本とペンに象徴される「教育の力」こそ、貧困と差別をなくす最も強力な武器だと訴えました。それは彼女自身が多くの本で、過去の歴史上の偉人たちから非暴力の哲学と、両親から慈悲の心を学んだからです。

教育を受けられない世界の何千万人もの子どもたちは学校に行かせてもらえず、朝から晩まで労働力として酷使されています。そして、文字を読むことも、数字を使って計算することもできないまま大人になり、社会に放り出されているのです。

そうなってしまった子どもたちの人生に、ほとんど選択の余地はありません。ひどい場合は、犯罪組織に引きずり込まれることもあるでしょう。

私たち大人には子どもたちに教育を受けさせる義務があります。
そして、子どもたちは教育を受ける権利があります。

教育には偉大な力があります。教育を受けた子どもたちは、自ら本を読めるようになり、自分の頭で善悪を判断し、未来を自分で選べるようになるのです。

幸せのペイ・フォワード

未来は「教育」によってつくられる。

第7章

あなたの「命」の使い方

7-1

世界人口の半数は1日2ドル以下で暮らしている

ＵＮＤＰ（国連開発計画）の調査によると、世界のおよそ半分の人たちは、1日2ドル（およそ200円）以下の収入で暮らしているそうです。

今の日本で、1日200円で生きていくのは大変ですが、世界には、たった200円で家族4人が暮らしている国もたくさんあるのです。

たとえば、タヒチやパプアニューギニアなどの南国では、身近な場所にバナナやパイナップルが実っています。また、どこにでもヤシの木があるので、それらを食べていればお金をかけなくても暮らすことができます。さらに熱帯のため、一年を通して寒いということがないので、着るものや住むところも簡単なもので良く、自給自足の生活も可能でしょう。

前章で紹介した『パパラギ』という本には、「白人のようにお金のために無理に働かなくても、自然は十分な食料を与えてくれる。お金という悪魔に魅入られて、人生の喜びを知らず、仕事ばかりする人生を送ってはならない」と書かれています。

私たちは自分たちのモノサシで世の中を見てしまいがちです。

1日の収入が200円以下の人たちがいると知ると、「なんとかしてあげなければ！」と考えてしまいますが、実はその国の人たちは、日々の暮らしに満足しているかもしれないのです。

飢餓や貧困で苦しんでいる場合は別ですが、無駄な都市化や産業振興は、彼らの幸せを壊してしまうかもしれません。そのような「おせっかい」は、慎みたいものです。

幸せのペイ・フォワード

自分のモノサシで人を判断しない。

7－2

あなたの一食が誰かの一食になる

最近のとても胸の痛むニュースに、「恵方巻きの大量廃棄」があります。コンビニなどで売れ残った恵方巻きが、賞味期限をたった1時間過ぎただけで、ゴミとして処分されてしまうのです。同じように、クリスマスケーキの廃棄問題もあります。まだ、十分食べられるものを、ビジネス上の都合で処分しているのです。

その一方で、廃棄食品について、素晴らしい活動をしている団体があります。『セカンド・ハーベスト・ジャパン』という団体は、食品を扱う企業や農家、個人などから、まだ食べられるのに廃棄される食品を引き取り、それを児童養護施設の子どもたちや、ＤＶ被害者のシェルター、路上生活者に届ける活動をしています。

ムダに廃棄される食品を引き取り、それを必要としているところに届ける団体を「フードバンク」と言います。この活動は１９６７年にアメリカで始まり、現在、全米では２００以上の団体が活動しているそうです。また、フランスでは１９８４年に発足し、現在では１００近くのフードバンク団体が活動しています。他にも、カナダ、イギリス、オーストラリアなど、世界中のさまざまな国で活動が行われています。

食べものを通じて助け合う活動に『TABLE FOR TWO』があります。これは対象となる定食や食品を購入すると、一食につき20円の寄付金が、開発途上国の子どもの学校給食になるのです。20円という金額は、開発途上国の給食一食分にあたります。あなたが一回食事をすると、恵まれない子どもたちも一回ごはんが食べられるのです。

幸せのペイ・フォワード

食事をしながら人助けをする。

7-3 どうして20円も高い水がバカ売れしたのか？

コンビニなどで売られているミネラルウォーターに、『ボルヴィック』というブランドがあります。この水が日本で多くの人に知られるようになったのは、２００７年に『1ℓ for 10ℓ』プログラムというキャンペーンが始まってからです。

これは、「ボルヴィックのミネラルウォーターを1ℓ買えば、アフリカの水に困っている人たちに10ℓの清潔な水が提供される」キャンペーンでした。ドリンクの売り上げでアフリカに井戸を掘るという、国連機関ユニセフとの共同プロジェクトです。

実際に、このキャンペーンを通じて、アフリカのマリ共和国では、ポンプ付きの井戸が設置された他、故障したポンプの修理や給水設備の整備、現地の人たちへの技術指導が行われました。その結果、キャンペーン開始から10年間で、47億ℓ以上の水が供給されたのです。

当時のボルヴィックは、他社のミネラルウォーターが500㎖のペットボトルで100円くらいの値段だったところ、それよりも20円高い120円くらいに設定していました。それにもかかわらず、キャンペーンが始まった2007年度の売上高は、前年度から3割以上も増えました。テレビCMや新聞広告を使うより大きな宣伝効果があったのです。

さらにボルヴィックは、「環境問題の解決に熱心に取り組む会社」として、世の中から高く評価されるようになりました。このキャンペーンで一つわかることがあります。それは、人間は無意識に良いことを行いたい生きものだ、ということです。

幸せのペイ・フォワード

小さな優しさを誰かにあげよう。

7-4

ビル・ゲイツの質問の答えは？

「もし、あなたが発展途上国に住んでいて、1日に200円しかお金を稼げなかったら、どうしますか？」

この質問で、ビル・ゲイツは2つのことを伝えたかったのではないかと思います。

1つ目は、「世界の人を幸せにするにはどうすれば良いか？」ということ。この質問を受け取った、あなた自身の生き方を問いかけています。

2つ目は、「世の中はたった一つのアイデアで、大きく変えることができる」ということ。実際に彼は、Windowsというソフト（＝アイデア）を世に広め、世界を一変させました。

実は、昔から「ビル・ゲイツの質問」は、かなりユニークで有名でした。

次に紹介するのは、彼がマイクロソフトの社長を務めていたとき、会社の採用面接で行った質問です。

「世界中に、ピアノの調律師は何人いるのか」

「ビル・ゲイツの浴室を設計するとしたらどうするか」

どれも、知識だけでは解くことができません。柔軟な発想力と諦めずに考え抜く精神力、物事の本質を見抜く洞察力が必要です。

彼自身がブログで書いていますが、冒頭の質問の正解は一つではありません。むしろ、世界中の人々がそれぞれの答えを出し、自分の人生の時間を使って、何が正しいかを実際に確かめることこそ、ビル・ゲイツが望んでいる答えなのです。

幸せのペイ・フォワード

たった一つのアイデアが世界を救う。

7-5

一流の人から一流の知恵を学ぶ

世界のさまざまな問題を解決し、多くの人々を幸せにするにはどうすれば良いのでしょうか？　解決のヒントは、ビル・ゲイツのこれまでの足跡にあると思います。

かつて実際にマイクロソフト本社を訪れた知人から聞いた話ですが、マイクロソフト社には、全世界から毎月1万３０００人もの入社を希望する書類が届くそうです。そして、その中からスタッフが選び抜いた5名にマイクロソフト本社への飛行機チケットが送付され、ビル・ゲイツの面接を受けていたそうです。彼に気に入られた人材は、その場で1億円の小切手を渡され、マイクロソフトに入社できるのです。そんな彼らはみな、コンピューター以外の分野についても、一流の知識・経験を持つ人材ばかりだったそうです。

ビル・ゲイツはいつも多様な人と直《じか》に交わり、知恵を出し合うことに努めていました。彼は会社から引退するときにも、社員向けのスピーチでこう語ったといいます。

「インターネットがこれほど発達した時代だからこそ、直接、人と会うことの価値が増す。なぜなら、インターネット上の情報は、すでに何百万人もの目に触れたものだ。しかし、直接誰かに会って聞いた話は、限られた貴重な情報となる」

私も被災地の支援を通じて、本当の人脈や情報、価値のあるアイデアは、現地で関係者に会ってみなければ、得られないということを、たびたび実感してきました。

問題の解決に取り組むときには、ビル・ゲイツの教えてくれた「現場に行き、直に人と交流する」ということを心がける必要があります。

幸せのペイ・フォワード

異業種の人から直接アイデアを学ぶ。

7-6

世界一のお金持ちでも世界は救えない

世界一のお金持ちであるビル・ゲイツの資産は、フォーブスが2018年に行った調査によると、921億ドル（およそ10兆円）と言われています。アマゾン創業者、ジェフ・ベゾスの資産は1000億ドルを超えていますが、離婚でかなり減ったようなので、やはり世界一のお金持ちはビル・ゲイツでしょう。

慈善活動に関する報道・調査を行うアメリカの雑誌、『クロニクル・オブ・フィランソロピー』によれば、2017年、ビル・ゲイツは自分の財産から、48億ドル（5200億円）を寄付しました。

今、世界は、とても深刻な問題が山積みです。

貧困、格差社会、核問題、テロ、地域紛争、森林伐採、地球温暖化、海洋汚染、オゾン層の破壊、人口爆発、食糧危機……。

世界一のお金持ちなら、お金で問題をすべて解決できるのでしょうか？

おそらく彼は、それが不可能であることを知っています。なぜなら、地球環境に関わる問題は、世界中の人たちが取り組まなければ、けっして解決しないからです。

また、貧困問題を解決するのに大切なのは、お金を配ることではありません。昔から、「困っている人には、魚をあげるよりも、魚を釣る方法を教えてあげなさい。水をあげるよりも、井戸を掘る方法を教えてあげなさい」という言葉があります。つまり、貧困問題を解決するために本当に必要なのは、持続可能な経済活動なのです。

世界を救う方法は、たった一つ。それは、みんなが力を合わせるということです。

幸せのペイ・フォワード

みんなが力を合わせれば問題は解ける。

7-7

あなたはその命を、何のために使いますか？

今、地球は、悲鳴をあげています。化石燃料の使いすぎにより、二酸化炭素が増大し、地球の気温は少しずつ上昇しています。このままでは人類だけでなく、すべての生物が住めない世界になってしまうでしょう。

また、気温の上昇によって南極の氷が溶け出せば、海面の水位が上がり、世界の海に面した都市の多くは水没してしまいます。これは東京も例外ではありません。

「ビル・ゲイツの質問」は、どこの国に住んでいる人でも、どんな境遇にある人でも、地球を救うために、何かしらできることがあると教えてくれます。それを知った上で、これからどう生きるかは、問いかけられた一人ひとりが決めなければなりません。

ビル・ゲイツは、自分の財産を寄付した財団を使い、次の5つの切り口から、世界の問題を解決しようとしています。

【人権】……女性の経済的自立を支援する。

【健康】……発展途上国の衛生環境を向上させる。

【ＩＴ】……ＩＴ機器を普及させ、途上国の暮らしを発展させる。

【環境】……気候変動を解決する研究を支援する。

【教育】……学校教育のしくみ改善を支援する。

それぞれのくわしい内容は、ぜひ、彼のブログで確認してみてください。

https://www.gatesnotes.com/

あなたは、今ある自分の命を何のために使いますか？

幸せのペイ・フォワード

世界を救うために行動してみる。

7-8

質問の答えは70億通りある

ビル・ゲイツの質問には、この地球に住んでいる人たちの数と同じだけの解答があってもおかしくありません（つまり、70億通り！）。

この「無数の解答」こそ、地球上のさまざまな問題を解決するカギなのかもしれません。なぜなら、彼は自分以外の多くの人の力を借りて、成功してきた経験があるからです。

これもマイクロソフト本社を訪れた知人に聞いた話ですが、みなさんのパソコンの中には、マイクロソフトの文章作成ソフトの「ワード」と、表計算ソフトの「エクセル」が入っていると思います。ビル・ゲイツは、これを、自社のプログラマーたちだけでは作りませんでした。世界中からとびきり優秀な、「コンピューター以外の分野のプロ」を呼び、彼らをチームに加えて、「ワード」と「エクセル」を作成したのです。
新しい開発メンバーは、コンピューターに不慣れな人でも簡単に整った書類が作れるように、ソフトが自動的に書式を整えてくれる機能を充実させました。
これは、長年コンピューター業界にいたマイクロソフトのプログラマーたちにとって、全く思いつかない発想でした。

このように、専門外の人たちのアイデアが大ヒットにつながることはよくあります。おそらくビル・ゲイツは、現在の地球に存在するさまざまな問題も、同じように世界中の人の知恵を借りて、解決したいと考えているのでしょう。

幸せのペイ・フォワード

難問は思いもよらない方法で解決する。

おわりに

「人は、いつでも、誰でも、どこにいても幸せになれる」

この私自身の固い信念に基づき、本書では「ビル・ゲイツの幸せになる質問」をはじめとして、さまざまな逆境や困難を、愛や知恵、人々の協力で乗り越えていくエピソードをご紹介させていただきました。多くの人が力を合わせ、アイデアを出し合えば、日本だけでなく、世界中の人々が、きっと幸せになれるでしょう。私はこれからも人々のお役に立つため、できることはすべて、全力で取り組み続けるつもりです。

また、本書の中でご紹介したお話は、単なるファンタジーや感動的な物語……というだけでは終わりません。子どもたちは、ここから未来を生きるための「勇気」と「希望」を見つけてくれたことでしょう。また長い人生経験を積まれてきたシニア世代の方たちは、まだまだ自分たちにできることが数多くあることに、気づかれたかもしれません。そして現役世代のビジネスパーソンにとっては、仕事やビジネスを発展させる、さまざまな知恵やヒントが得られたのではないでしょうか。

中でも私が最も大切だと思うキーワードを4つ、挙げておきます。それはビル・ゲイツの「知恵」、マイケル・ジョーダンの「諦めない心」、『パパラギ』の「助け合い精神」、そしてマザー・テレサの「無償の愛」です。この4つは、必ず皆さんの人生を切り開く魔法のカギとなることでしょう。

最後になりましたが、いつもお世話になっている天才工場の吉田浩社長、石野みどりさん、今井友彦さん、西川勇佑さんをはじめスタッフの皆さま。本書の執筆にご協力いただいた日本実業出版社の中尾淳編集長、上村雅代さん、関和幸さん。国際ビジネス大学校のジェームス・スキナー名誉教授、講師、スタッフの皆さま。国際ビジネス大学校の初代学長で今は天国で応援してくれている中村将学長。そしてここまで読んでくださった皆さまに心から感謝し、筆をおきたいと思います。

すべての人の前途に、素晴らしい未来が待っていることを心から願って。

令和元年5月吉日

中谷昌文

中谷昌文（なかたに　よしふみ）

社会貢献家。伝説の熱血教師「なかよし先生」の愛称で知られる、元中学・高校の教師、大学講師。

国際ビジネスホールディングスグループ　創立者、国際ビジネス大学校理事長、特定非営利活動法人国際コンサルティング協会　理事長、志魂塾　発起人。一般社団法人国際総合スポーツ機構　代表理事など、7団体の理事。

2004年、志魂塾を立ち上げ、若手起業家が有名実業家から学ぶ場を提供。11年、国際ビジネス大学校を創立し、若手起業家の育成に注力。NPO法人や一般社団法人を立ち上げ、営利目的だけでなく「社会に貢献できるビジネスモデル」を国内外に発信している。

また、東京ディズニーリゾートに難病の子どもをお連れする活動を、現在までに25年以上続ける傍ら、1999年に親のいない子どもにランドセルをプレゼントしたことをきっかけに、施設にランドセルを届ける活動を行なっている。メーカーのサポートや多くの賛同者にご協力いただき、これまでに子どもたちに届けた数は、中古のランドセル10万個と新品1000個以上。

世界に愛と勇気を届けるため、「終身現役・年中無休」の精神で1日1日、与えられた命をフル活用している。

ビル・ゲイツの幸《しあわ》せになる質問《しつもん》
もしも1日《いちにち》200円《えん》しか使《つか》えなかったら？

2019年 7月10日　初版発行
2025年 2月20日　第3刷発行

著　者　中谷昌文
発行者　杉本淳一

発行所　株式会社日本実業出版社　東京都新宿区市谷本村町3-29 〒162-0845
編集部　☎03-3268-5651
営業部　☎03-3268-5161　振　替　00170-1-25349
https://www.njg.co.jp/

印刷／厚徳社　製本／若林製本

ISBN 978-4-534-05704-4　Printed in JAPAN

日本実業出版社の本

最高の毎日を手に入れる人生の10か条

ジョン・ゴードン　著
久保陽子　訳
定価本体1450円（税別）

全米 100 万部突破！ 自分を変える２週間の物語。人生どん底の主人公が、マイカーの故障のため２週間バスで通勤することに。運転手から「人生の 10 か条」を教わるが……。

行く先はいつも名著が教えてくれる

秋満吉彦
定価本体1400円（税別）

NHK「100 分 de 名著」のプロデューサーが、いかに生きるかを名著を通じて問い直す人生・仕事論。夢や希望、働くこと、人間関係、老いと死の思索など多くの気づきをもたらす。

能力を磨く
ＡＩ時代に活躍する人材「３つの能力」

田坂広志
定価本体1400円（税別）

「職業の半分が消失」「人間を超えられない」などAIに対する反応は様々。本書はAIに決して淘汰されない、人間だけが持つ【3つの能力】を磨く方法を教える。

定価変更の場合はご了承ください。